말주변이 없어도
호감을 사는
사람들의 비밀

말주변이 없어도
호감을 사는
사람들의 비밀

2018년 11월 30일 초판 1쇄 인쇄
2018년 12월 10일 초판 1쇄 발행

지은이 | 허행량
발행인 | 이원주
책임편집 | 엄초롱
책임마케팅 | 홍태형

발행처 | (주)시공사
출판등록 | 1989년 5월 10일(제3-248호)

주소 | 서울시 서초구 사임당로82(우편번호 06641)
전화 | 편집 02-2046-2896 · 마케팅 02-2046-2846
팩스 | 02-585-1755
홈페이지 | www.sigongsa.com

ISBN 978-89-527-9499-4 03320

알키는 (주)시공사의 브랜드입니다.

이 도서의 국립중앙도서관 출판예정도서목록(CIP)은 서지정보유통지원시스템 홈페이지
(http://seoji.nl.go.kr)와 국가자료공동목록시스템(http://www.nl.go.kr/kolisnet)에서 이용하
실 수 있습니다.
(CIP제어번호: CIP2018036330)

다시 만나고 싶은 사람은 **몸짓 언어**를 쓴다

말주변이 없어도 호감을 사는 사람들의 비밀

허행량 지음

"말만 많이
한다고 될 일이
아닙니다!"

알키

당신이 말하기 전 대화는 시작된다

K 그룹 면접 대기실은 차례를 기다리며 열심히 면접 예상 질문지를 들여다보고 있는 구직자들로 긴장감이 감돈다. 남들에게 결코 뒤지지 않는 스펙으로 1차 서류 심사를 무난히 통과한 고스펙 군은 매번 면접에서 떨어지다 보니 잔뜩 풀이 죽어 있다.

'이번에는 꼭 취업해야 해. 너무 긴장하지 말자.'

떨리는 마음을 가다듬으며 고 군이 스스로를 다독이는 사이, 대기실 문 앞에서 진행자가 다소 신경질적인 말투로 자신의 이름을 거듭 부르는 소리가 들린다.

"고스펙 님! 고스펙 님! 안 오셨어요?"

당황한 고 군이 벌떡 일어나 손을 든다. 양미간을 살짝 찡그

린 표정의 진행자가 따라오라는 손짓을 보인다. 면접장 문이 열리고 책상에 나란히 앉은 세 명의 면접관이 한눈에 들어온다. 고 군은 부쩍 살이 올라 힘겹게 잠근 양복 상의의 단추를 만지작거리며 어떻게 인사해야 할지 몰라 쭈뼛거리다 가볍게 목례를 한다. 면접관 중 인사를 받아주는 이는 없다. 면접장 문을 닫아야 하나 싶어 뒤를 돌아본 고 군과 무심하게 문을 닫는 진행자의 눈이 마주친다.

'아, 문은 내가 닫는 게 아니었군.'

"일단 이리로 앉으세요."

오른쪽에 앉은 면접관이 다소 답답하다는 듯 입을 뗀다. 서둘러 의자에 앉는 고 군의 체중에 의자가 뒤로 밀리며 날카로운 소리를 낸다. 순간 일제히 눈살을 찌푸리는 면접관들. 당황한 고 군이 자세를 고치며 의자를 앞으로 당겨 앉는 찰나, 그의 팔목에 위태롭게 걸려 있는 낡은 손목시계에 면접관들의 눈길이 향한다. 아뿔싸, 상체를 숙이자 셔츠 안주머니에서 동전 두 개가 빠져 나와 면접관 앞으로 굴러간다. 절망적인 얼굴로 고개를 푹 숙이고 마는 고 군.

'이번에도 망했어!'

대기실을 나와 면접장에 들어가 세 명의 면접관 앞에 앉기까지, 고스펙 군은 단 한 마디도 하지 않았다. 하지만 이 면접의 결과는 누구나 쉽게 예상할 수 있다.

입사 면접에서 지원자가 예상치 못한 면접관의 질문에 선뜻 입을 떼지 못하고 위아래로 눈동자를 굴리거나, 면접관의 시선을 피하며 자꾸만 고개를 숙인다거나, 목소리가 떨리다 못해 기어들어 가 들리지 않거나, 무슨 말을 하려는 건지 알 수 없을 정도로 말을 더듬는다면 결과는 빤하다.

면접에 걸리는 시간은 채 5분도 되지 않지만 단 0.1초 만에 그 사람에 대한 평가가 끝난다는 이야기다. 지원자가 아무리 많은 것들을 준비했다고 해도 이를 발휘하거나 혹여 발휘한다고 해도 앞서 저지른 실수를 만회할 기회가 사라지는 것이다. 이것이 바로 첫인상의 힘이다.

우리는 상대방이 어떤 말을 꺼내기도 전에 상대방에 대한 판단의 틀, 즉 인상을 갖는다. 상대방의 외모나 소유물을 본 뒤 일종의 견적을 내고 가까이할지 말지를 결정한다. 외모에는 신체 정보뿐 아니라 나이, 매력, 성격, 성장 환경 같은 다양한 정보가 숨어 있기 때문이다.

그 짧은 순간에 한 사람에 대한 평가가 끝난다는 게 못마땅하긴 하지만 철저히 주관적인 기준으로 내리는 직관적인 평가를 어찌 막을 수 있겠는가? 그렇다 보니 '알고 보면 진국이다'와 같은 수식은 큰 의미가 없는 것이다.

대화에 어려움을 겪는 이들 중 대부분은 말의 내용이나 대화의 기술을 연마하기 위해 애를 쓴다. 그런데 놀라운 것은 정작 자신이 입 밖으로 무슨 말을 내뱉기도 전에 이미 대화가 시작된다는 것이다. 그 대화란 바로 '몸 대화'다.

대화법에 관한 책들은 화술과 화법을 알려주고 화제를 수집하는 방법을 다룬다. 하지만 이 책은 말을 꺼내기도 전에 이뤄지는 몸 대화에 집중한다. 몸 대화는 비교적 쉽고 단기간에 습득 가능하다는 장점이 있다. 특히 이를 인지하고 있는 것만으로도 큰 도움이 된다. 아래 예시 중에서 '어, 이거 내 이야기인데?' 싶은 게 하나라도 있다면, 이 책은 당신에게 분명 쓸모가 있을 것이다.

☐ 풍부한 화제로 지루할 틈 없이 말을 이어가는데 어쩐지 상대방의 반응이 좋지 않다.

☐ 예쁘거나 잘생겼다는 이야기를 듣는 편인데 소개팅 이후 이성으로부터 연락이 오질 않는다.

☐ 화술이나 화법 책을 수없이 읽었는데 좀처럼 인간관계가 개선되지 않는다.

□ 지금까지 누군가로부터 한 번도 고백을 받아본 적이 없다.

□ C는 말주변도 없고 외모도 별로인 것 같은데 무슨 일이 생기면 사람들이 C만 찾는 이유가 궁금하다.

□ 입도 뻥끗 안 했는데 어쩐지 상대방이 나와 대화하기를 꺼리는 것 같다.

허행량

말주변이 없어도
호감을 사는 사람들의 비밀

차례

1장

말 없는
대화의 비밀

대화는 진짜 '말'로만 이뤄질까

성공적인 대화란 무엇일까? 상대방으로부터 내가 원하는 것을 끌어내는 것? 상대방을 내가 바라는 대로 행동하게 만드는 것? 둘 다 맞다. 그런데 이러한 결과를 얻기 위해서 우선돼야 하는 게 있다. 상대방이 내게 관심, 더 나아가서 '호감'을 가져야 한다. 그렇다면 무엇보다 말을 유창하게 잘해야 할 것이다. 상대방의 마음을 얻어야 하니까. 과연 그럴까?

이는 하나만 알고 둘은 몰라서 하는 소리다. 대화란 게 말로만 이뤄지는 게 아니기 때문이다. 대화는 말, 몸, 돈 3요소가 함께 움직인다. 여기서 '말'은 목소리를 내 언어로 전달하는 콘텐츠를 뜻한다. '몸'은 말하는 사람의 외모를, '돈'은 시계나 자동차처럼 그 사람이 지닌 소유물을 가리킨다.

대화의 3요소

　말이 대화의 주축이기는 하지만 대화의 성공을 좌우하는 것은 몸이나 돈이라고 해도 과언이 아니다. 말을 꺼내기도 전에 몸과 돈이 상대방의 인상을 결정짓는 경우가 대부분이기 때문이다.

　몸 대화와 돈 대화에서 실패하면 정작 말을 해볼 기회조차 얻지 못한 채 상대방과 내가 스쳐 지나가는 '슬픈 인연'에 그칠 수 있다. 하지만 몸과 돈 대화에서 호감을 얻을 수 있다면 말 대화에서 당신은 유리한 위치를 선점할 수 있을 것이다.

　우리는 아침에 일어나 세수를 하고 샤워를 한다. 예쁘게 화장을 하거나 깔끔하게 면도를 한다. 이처럼 잠에서 깨어 집을 나서기 전까지 꽤 많은 시간과 비용을 들여 '몸'을 꾸민다.

중요한 모임이나 특별한 만남이 있을 때 당신은 패션이나 헤어스타일에 유독 신경 쓰지 않는가? 바로 이것이 인간이 무의식 중에 상대방에게 호감을 줘 몸 대화에서 성공하고 싶어 한다는 증거다. 과학자들은 인간이 0.1초도 되지 않은 짧은 순간에 상대방의 외모로 그 사람에 대한 평가를 내린다는 사실을 증명해 냈다.

소유물과 연관된 돈 대화는 어떤가? 핸드백이나 시계 같은 장신구, 자동차나 아파트는 돈 대화의 대표적인 수단이다. 처음 만난 사람에게 자신을 소개하기 위해 일부러 명품 지갑에서 명함을 꺼내거나 소매를 걷어 올리며 명품 시계를 슬쩍 드러내는 등 우리는 실생활에서 자신의 경제력을 과시하는 사람들을 어렵지 않게 볼 수 있다. 기업 임원이나 영업 사원이 고급 외제차를 타는 것도 이런 이유에서다. 소형 자동차를 탄 사람과 대형 고급 자동차를 탄 사람에 대한 평가와 대우가 분명 다르기 때문이다. 돈 대화의 힘은 이처럼 막강하다.

대화의 3요소 중 말, 즉 언어의 중요성은 따로 강조할 필요가 없을 정도다. 몸 대화와 돈 대화를 통해 받은 인상이 실제로 이야기를 나누면서 확실해지기 때문이다. 그럼에도 몸과 돈이라는 비언어의 중요성을 강조하려는 것은, 그 순서상 몸과 돈 대화에서 먼저 성공해야 하기 때문이다.

몸과 돈 대화를 통해 직관적으로 얻은 상대방에 대한 인상은 매우 오랫동안 강력한 영향을 미친다. 그러니 자신이 어떤 몸 대화와 돈 대화를 하고 있는지 파악하고, 이를 전략적으로 활용한다면 대화도 인간관계도 보다 매끄러워질 것이다.

우리는 몸으로
대화를 시작한다

우리는 매일 누군가와 대화를 한다. 어느 연구 조사에 따르면 인간은 깨어 있는 시간의 약 20% 정도를 말 대화에 쓴다고 한다. 이미 알고 지내는 친구나 동료를 만날 때는 몸이나 돈 대화를 거치지 않고 바로 말 대화를 시작한다. 하지만 처음 만나는 사람들과는 어떨까? 몸과 돈 대화의 문지방을 넘은 후에야 말 대화를 하는 것이 일반적이다. 심지어 친구나 동료와도 무의식 중에 몸 대화, 돈 대화를 한다.

누군가를 처음 볼 때, 인간은 직관적으로 상대방의 외모를 통해 그 사람에 대한 인상을 갖는다. 외모를 평가하는 기준이 되는 얼굴과 몸매 중 '얼굴'의 비중은 무척 높다. 얼굴에서 보이는 정보를 처리하는 뇌 영역이 따로 있을 정도다. 일례로 멋진 집을 둘러볼 때보다 누군가의 얼굴을 살펴볼 때 뇌의 반응이 더욱 거세졌다.

얼굴은 취업이나 선거 결과는 물론 인간관계와 인생 만족도 등도 좌우한다. 심지어 생김새는 유무죄는 물론 형량까지 결정한다. 실제로 미국 플로리다에서 무기형 이상의 선고를 받고 감옥에 복역 중인 376명을 대상으로 조사한 결과, 얼굴에서 느껴지는 신뢰도가 낮은 사람일수록 무기형보다 사형 선고를 받을 확률이 높았다.

인간관계에서도 외모의 핵심은 얼굴이다. 그래서 사람들은 좋은 평가를 받기 위해 많은 시간과 돈을 얼굴에 투자한다. 영국 주간지 《이코노미스트》에 발표된 한 연구 결과에 따르면, 남성은 하루 평균 5분씩 면도를 하므로 평생(15~60세) 동안 면도하는 데 약 2개월을 쓴다. 여성이 거울 앞에서 보내는 시간은 하루 평균 55분이나 된다. 여성이 헤어스타일에 투자하는 비용은 매년 80여 만 원, 평생 5,500만 원에 이른다. 전 세계적으로 보면 메이크업, 피부 및 헤어 관리, 성형수술 등 여성이 얼굴에 투자하는 비용만 한 해 약 180조 원(1,600억 달러)으로 추산된다.

얼굴이 한 사람의 성격을 정확히 파악할 수 있는 지표일 수는 없다. 그럼에도 사람들은 상대방을 제대로 알아야 직장이나 사회생활에서 성공할 수 있기에 얼굴에서 조금이라도 단서를 끌어내려고 애쓴다. 하지만 자칫 얼굴만으로 추리했다가 잘못된 결론에 이를 수도 있으니 유의하자. 우리도 종종 자신에 대한 스스로의 평가와 타인의 평가가 너무 다르다는 것을 알고 놀라지 않는가?

우리는 얼굴을 통해 자신의 성격이나 개성을 잘못 광고할 수도 있고, 다른 사람의 오판으로 원하지 않는 결과를 얻을 수도 있다. 구체적으로 내 얼굴이 어떤 평가를 받게 될지 알 수 있다면, 그리고 상대방 얼굴을 정확히 평가할 수 있다면 인간관계에서 성공할 확률도 높아질 것이다.

외모가 아닌
호감도로 승부하라

타고난 미인이나 미남이 몸 대화에서 항상 우위를 선점하게 되는 것일까? 요즘에는 상황이 달라졌다. 화상회의와 SNS의 확산으로 아름다운 얼굴이나 최고의 비율을 갖춘 신체 조건보다는 호감도likeability를 중시하는 분위기로 변하고 있기 때문이다. 잘생기고 예쁜 사람도 좋지만 자신에게 특별히 잘 웃어주고 반응하는, 즉 자신에게 호감을 보이는 사람이 좋다는 것이다.

외모 〈 호감도

아름다운 얼굴과 뛰어난 신체 조건을 갖춘 사람이 당연히 호감도가 높지 않을까 생각할 수 있지만 개념상 차이가 있다. 선천적인 영향이 큰 외모와 달리 호감도는 표정이나 반응 등으로 얼마든지 높일 수 있기 때문이다. 그리고 미의 기준이나 신체 비율은 어느 정도 절대적이고 그래서 상당 부분 객관화될 수 있지만, 호감도는 주관적인 경향이 강하므로 상대방에 따라 평가가 달라질 수 있다. 이런 말도 있지 않은가. '잘생김을 연기하는 배우.' 외모만 놓고 보면 다른 배우들에 비해 뛰어나게 잘생겼다고 볼 순 없지만 어쩐지 연기할 때는 무척 멋지고 매력적이어서 호감이 가는 배우들에게 종종 붙는 수식이다.

그렇다면 호감도를 끌어올릴 수 있는 몸 대화의 기술에는 어떤 것들이 있을까? 몸 대화는 외모 그 자체 외에도 표정, 반응성, 미러링mirroring, 시선, 목소리, 터치, 자세나 제스처처럼 다양한 요소를 통해 완성된다.

몸짓 언어 중 표정은 몸 대화의 핵심이라고 할 수 있다. 외모만으로 누군가를 평가할 때 얼굴 표정을 가장 먼저 보기 때문이다. 감정이 확연히 드러나는 미소 외에도 동공 크기와 눈썹 모양으로도 감정을 파악할 수 있다.

인간관계에서 빼놓을 수 없는 것 중 하나가 반응성이다. 우리 모두는 상대방으로부터 최소한의 반응을 기대한다. 누군가가 다가올 때 우리는 미소를 짓거나 시선을 맞추는 식으로 반응하며 몸 대화를 시도하는 것이 일반적이다. 상대방이 말을 할 때 시선을 다른 데 두거나 무표정이나 무반응으로 일관한다면 관계를 그만두자는 의미로 전달될 수 있다.

인간은 자신과 비슷한 사람에게 끌린다. 따라서 상대방의 목소리나 행동 등을 모방하는 미러링은 몸 대화의 성공을 좌우한다. 인간은 교류하면서 감정, 하품, 정치 성향도 전염되게 마련이다. 대화 상황에서 몸 대화, 돈 대화, 말 대화 중 어느 하나에서라도 유사한 느낌을 받으면 친밀감을 느끼게 되고 관계를 맺고 싶어 한다.

몸 대화는 눈(시선)에서 시작된다. 부드러운 눈길이나 매서운 눈빛, 동공 확대나 축소로 상대방에 대한 호감이나 관심을 표현할 수 있다. 상대방과 눈이 마주쳤을 때 눈을 크게 뜨거나 동공을 확대하면 상대방에게 호감을 느낀다는 의사로, 눈길을 피하면 접촉을 피하고 싶다는 의미로, 아예 눈길조차 주지 않으면 무시하는 뜻으로 해석될 수 있다. 상대방과 대화하면서 눈과 얼굴을 응시하는 정도가 대화의 지속 시간을 결정하는 것도 이 때문이다.

목소리는 보이지 않지만 파괴력은 무시무시한 스텔스stealth 전투기와 같다. 전화 목소리가 좋다면 실제 어떤 사람인지 한번 만나보고 싶다는 생각이 들지 않는가? 목소리가 좋은 배우나 가수에게 '꿀 보이스'라는 수식이 붙는 것만 봐도 알 수 있다. 목소리 자체만으로도 상대방에 대한 평이 갈리지만 목소리를 어떻게 내느냐도 중요하다. 만약 누군가가 다가왔는데 목소리를 낮추지 않고 오히려 높이면, 상대방은 자신을 배려하지 않고 무시하고 있구나 하는 느낌을 받을 수 있기 때문이다.

터치는 어떨까? 터치는 상대방과 친밀감을 형성하는 데 매우 중요한 요인이다. 야구장에서 응원하는 팀이 홈런을 치거나 득점할 때 팬들은 흥에 겨워 옆자리에 앉은 낯선 사람과도 하이파이브를 하거나 얼싸안으며 즐거워한다. 시위 현장이나 콘서트장에서도 사람들은 함께 어울리며 자신도 모르는 사이 옆 사람들과 가까워진다.

자세도 빼놓을 수 없다. 면접에서 고개를 숙이거나 어깨를 축 늘어뜨리면 자신감이 부족한 사람으로 비춰질 수 있다. 실제 중요한 프레젠테이션을 하거나 면접을 볼 때 자세 하나로 마음가짐이 달려졌다는 사람이 많다. 당당한 자세도 중요하지만 상황이나 상대방에 따라 자세를 맞추는 소위 '자세 핏fit' 역시 고려해야 한다.

몸짓 언어는 완곡하게 자신의 감정을 드러낸다는 점에서 효과적인 대화 수단이다. 가령 거리를 두고 싶은 상대방이 있다면 어떻게 표현할 수 있을까? 그 방법은 수없이 많다. "당신이 싫어요"라고 대놓고 말한다면 상황이 악화될 수 있다. 그런데 시선을 피하거나 무표정으로 일관하는 등 비언어 시그널을 취함으로써 감정을 전달할 수도 있다. 언어는 직접적인 대화 기법이지만, 몸짓 언어는 간접적인 대화 기법인 것이다.

대화 상황에서는 언어와 몸짓 언어를 어떻게 '조합'하느냐에 따라 성패가 갈린다. 언어와 몸짓 언어는 상상할 수 없이 많은 조합을 통해 상대방에 영향을 미치므로 섣불리 그 효과를 예단하기 어렵다. 그럼에도 당신이 원하는 결과를 얻기 위해서는 언어와 몸짓 언어의 조합을 치밀하게 고민해야만 한다.

몸짓 언어는 언제나
언어보다 강력하다

누군가와 대화할 때 사용되는 언어와 몸짓 언어는 서로 보완하거나 강화하고 때로는 서로를 대체하거나 약화시킨다. 아무리 긍정적인 내용의 이야기라고 해도 쉬거나 갈라지는 목소리에 화가 난 듯한 표정으로 전달하면 의미가 왜곡될 수 있기 때문이다.

과학자들은 언어와 몸짓 언어의 중요성에 대해 '55-38-7 원칙' 혹은 '60-40 원칙'을 거론한다. 55-38-7 원칙이란 대화의 성공을 결정짓는 데 보디랭귀지가 55%, 목소리가 38%, 대화 내용이 7%의 영향을 미친다는 이론이며, 60-40 원칙은 대화의 성공 여부에 얼굴이 60%, 목소리가 40%의 영향을 미친다는 이론이다. 이 두 원칙에서 중요한 것은 그 비율의 정확성이 아니라 결국 몸짓 언어가 언어보다 훨씬 중요하다는 사실이다.

나아가 상대방이나 상황에 따라 언어와 몸짓 언어의 상대적 비중은 달라질 수밖에 없다. 따라서 모든 대화 상대나 상황에 적용할 수 있는 고정 법칙을 찾는다는 것은 불가능한 일이다.

신경과학과 인지과학은 대화에 대한 구체적인 해답을 내놓고 있다. 기능적자기공명영상fMRI이나 양전자단층촬영PET 같은 최첨단 촬영 방법을 활용해 대화 중인 뇌의 반응을 살펴보는 것이다. 이를 통해 우리는 단어, 구, 문장, 소설, 음악, 사진에 반응하는 뇌의 모습을 영상 이미지 형태로 볼 수 있다. 언어뿐만 아니라 터치, 목소리, 미러링, 표정 같은 비언어 시그널에 대한 뇌의 반응도 생생하게 볼 수 있다. 덕분에 우리는 상대방에게서 원하는 반응을 끌어내기 위해 어떤 단어나 문장을 구사해야 하는지, 어떤 표정이나 목소리를 취해야 하는지 구체적으로 알 수 있게 되었다.

커뮤니케이션은 하나의 자극이 아니라 동시에 수많은 자극을 통해 완성된다. 실제 대화에서 표정, 반응성, 미러링, 시선, 목소리, 터치, 자세를 별개로 활용하는 것이 아니라 이 모두를 조합하거나 일부를 조합해 활용하는 멀티 시그널이 중요하다는 뜻이다.

또한 비언어 시그널마다 물리적 속성도 다르고, 상대방이 시그널을 처리하는 속도나 우선순위에도 차이가 있다. 이 때문에 과학자들은 외부 자극의 물리적 속성과 이를 처리하는 감각기관의 속성을 알면 커뮤니케이션의 마술사가 될 수 있다고 이야기한다.

우선 인간의 목소리와 모습이 전달되는 속도가 다르다. 소리는 초당 330m, 이미지로 대변되는 빛은 초당 30만km의 속도로 상대방에게 도달한다. 이처럼 물리적 측면에서 봤을 때 속도는 빛이 소리보다 약 100만 배 빠르지만, 인간 신체가 이를 처리하는 시간은 청각이 시각을 압도해 결국 10m 거리 내에서는 소리가 빛보다 먼저 전달된다. 보통 대화는 1~3m 거리에서 이뤄지기 때문에 목소리가 상상 이상으로 강력한 영향을 미치는 것이다. 인간은 색상, 동작, 형태 순서로 시각적 속성을 지각한다는 점도 기억해두자.

마술에서 배우는
몸짓 언어 전략

인간은 어떨 때 상대방으로부터 진심을 느낄까? 긍정적인 언어에 긍정적인 몸짓 언어가 결합할 때다. 언어와 몸짓 언어가 일치하지 않으면 상대방이 거짓말을 한다고 간주하는데, 보통 언어가 아닌 몸짓 언어를 진심으로 받아들인다. 쉽게 말해 화난 표정으로 괜찮다고 말하면 상대방이 계속 화를 내고 있다고 느낀다는 것이다.

언어와 몸짓 언어의 조합에 달인이 되고 싶은가? 그렇다면 마술 기법을 참고해보자. 과학자들은 수많은 연구를 통해 마술사가 현란하고 다양한 기교로 대중을 현혹한다는 것을 밝혀냈다. 과학자들은 대화에 활용하면 좋을 핵심 마술 기법을 크게

말주변이 없어도
호감을 사는 사람들의 비밀

세 가지로 요약했다.

첫째, 미스디렉션^{misdirection}이다. 마술사 자신이 의도하는 대로 관객의 주의를 돌리는 것을 뜻한다. 마술사는 동작을 빨리 취함으로써 관객을 속이는 것이 아니라, 관객이 눈치채지 못하는 동작을 취함으로써 관객을 속이는 것이다. 감각기관의 한계를 활용해 관심을 다른 데로 돌린 뒤 마술을 보여주는 것이다. 미소가 어색한 사람이 큰 소리를 내거나 상체를 격하게 흔들면서 웃어 소리와 제스처로 주의를 돌리는 것이 여기에 해당된다.

둘째, 일루전^{illusion}이다. 이 역시 인간이 눈으로 특정 자극을 포착해도 뇌가 이를 처리하는 데 약 1,000분의 100초가량의 시간이 걸린다는 감각기관의 한계를 활용하는 방식이다. 이를 통해 다양한 환상을 보여주는 것이다. 상대방 말에 반응할 때 활기찬 목소리로 화답하면, 소리와 빛의 시간 차로 인해 자신이 취하는 제스처도 덩달아 활기차고 커 보이는 효과를 줄 수 있다.

셋째, 포싱^{forcing}이다. 관객이 무의식적으로 마술사의 지시를 그대로 받아들이게 하는 기법을 말한다. 이성에게 스킨십을 할 목적을 갖고 큰 소리로 웃으면서 하이파이브를 하려 하면, 상대방이 얼떨결에 응하는 것이 여기에 해당된다. 때로는 상대방 눈을 응시하면서 자신이 원하는 음식을 함께 먹자는 식으로 애원하는 것도 포함된다.

　마술사는 다양한 기법을 활용해 사람들이 자신의 마술에 환호하게 만드는 커뮤니케이션의 연금술사인 셈이다. 이처럼 언어와 몸짓 언어를 어떻게 조합하느냐에 따라 우리는 상상도 할 수 없는 다양한 효과를 거둘 수 있으며, 사람에 따라 완전히 새로운 대화의 기술을 만들어낼 수 있다.

말주변이 없어도
호감을 사는 사람들의 비밀

몸짓 언어는 완곡하게
자신의 감정을 드러낸다는 점에서
효과적인 대화 수단이다.

2장

호감을 사는
첫 번째 비밀
표정

표정이 첫인상을
결정한다

표정은 패션이다. 어떤 옷을 입느냐에 따라 인상이 달라지듯이 표정도 인상을 결정한다. 투자가 필요한 패션과 달리 표정은 돈 한 푼 들일 필요가 없다. "패션의 완성은 속옷"이라는 광고 카피를 빌리면 표정 패션의 완성은 미소다. 어찌 된 이유인지 사람들은 옷이나 장신구에는 많은 돈을 들이지만 미소에 투자하는 데는 인색하다.

상대방이 웃어주기를 바라면서도 자신은 웃음에 인색한 것이 우리네 현실이다. 세파에 시달리면서 표정이 굳어지거나 무표정해진 사람이 많다. 또 자신은 성격이 무뚝뚝해 웃는 게 어색하다고 포기하는 사람도 많다. 사실 성격이 무뚝뚝한 사람은 없다. 무뚝뚝한 것은 성격이 아니라 커뮤니케이션을 잘하지 못하는 것이다. 따라서 무뚝뚝한 사람이라는 말은 상대방에게 투자하지 않겠다는 뜻이기도 하다.

표정 없이 하루를 살아보라. 친구, 가족, 동료 들은 깜짝 놀라 "아프냐", "무슨 일 있냐", "싸웠냐", "화났냐" 등 다양한 반응을 보일 것이다. 더 나아가 우울한 표정으로 다닌다면 주변 사람들이 모두 당신을 피하려 할 것이다.

인간은 상대방 얼굴을 보고 추리소설을 써나간다. 실제로 상대방의 속마음을 직접적으로 알 수 있는 방법이 없기 때문이다. 그렇다 보니 외모나 행동 같은 간접적인 단서를 활용해 추리하는 수밖에. 내용이 맞건 맞지 않건 개인의 경험과 나름의 지식을 근거로 추리하다 보니 그 결론이 완벽히 맞을 가능성은 거의 없지만, 추리 게임은 아무도 막을 수가 없다.

말을 꺼내기도 전에 결정되는 나에 대한 평가에서 어떻게 하면 좋은 점수를 얻을 수 있을까? 투자 대비 아주 큰 효과를 거둘 수 있는 방법 중 하나가 바로 '햇살 표정' 전략이다. 얼굴 근육을 3초만 움직이면 충분하다. 마음만 먹으면 무한대의 표정을 연출하는 것도 가능하다.

마음먹은 대로 감정을 표현할 수 있는 표정이야말로 잠재력이 무한한 개인의 자산이라고 할 수 있다. 우리 중에는 표정을 잘 활용해 '호감 1호'가 되는 사람이 있는가 하면, 우울하거나 부정적인 표정으로 '비호감 1호'로 낙인찍힌 사람도 있다. 기억하자. 표정만 잘 지어도 호감을 사는 것은 물론 자기 자신까지 행복해질 수 있다.

표정은 나에 대한 평가를 바꿀 수 있는 강력한 무기다. 인간은 얼굴이라는 '캔버스'에 감정이라는 '그림'을 그린다. 얼굴 캔버스에 희로애락 등의 감정을 그렸다 지웠다 하면서 마음을 표현하는 것이다. 명심하라. 그림을 그리는 화가는 바로 나 자신이다.

미소는
호르몬도 바꾼다

표정은 자신의 성격은 물론 행복도 좌우한다. 미국 버클리대학의 켈트너Keltner 교수팀이 한 대학교 앨범에 수록된 여대생의 표정을 조사한 뒤, 그들이 30년 후 어떻게 살고 있는지를 추적했다. 그는 앨범 사진에서 밝게 웃고 있는 여학생들이 대개 긍정적이고 적극적인 성격 덕분에 30년 후에도 배우자를 포함한 여러 사람들과 긍정적 관계를 유지하고 있다는 사실을 발견했다.

웃고 있던 여학생들은 그렇지 않은 이들에 비해 결혼 확률, 결혼 만족도, 행복도에서 모두 높은 점수를 받았다. 표정은 긍정적인 성격으로 이어져 행복한 인생에 기여하는 것은 물론 자신에 대한 상대방의 평가를 긍정적으로 유도해 원만한 사회생활

까지 돕는다.[1]

미소는 수명에도 영향을 미친다. 메이저리그 야구 선수 196명 사진의 미소 강도와 수명을 조사한 결과, 수명에서 7년이나 차이가 났다. 거의 웃지 않은 선수의 수명은 72.9세, 약간 웃은 선수는 75세, 진정성 있는 웃음을 크게 지은 사람은 79.9세였다.[2] 장수하고 싶다면 진정성 있게 크게 그리고 많이 웃어야 한다는 것일까? 이처럼 미소는 수명, 건강, 결혼과 이혼, 삶의 만족도, 취업, 소송 등 여러 영역에 걸쳐 영향을 미친다. 심지어 SNS 프로필 사진을 보면 그 사람이 훗날 얼마나 인생에 만족하면서 살지 예측할 수 있다. 실제 대학 신입생의 페이스북 프로필 사진의 미소 강도를 평가하고, 3년 반 후 졸업을 앞둔 이들의 삶의 만족도를 조사했더니 프로필 사진이 웃는 얼굴일수록 삶의 만족도도 높았다.

미소를 지을 때는 인상을 쓸 때보다 훨씬 더 적은 근육이 활용되지만, 행복과 관련된 각종 호르몬 분비를 촉진한다. 기분을 바꾸는 엔도르핀, 세로토닌, 도파민이 그들이다. 미소는 고작 2~4초 정도 지속되는 동적dynamic 단서이지만, 그 짧은 미소가 생리적 변화를 일으켜 본인은 물론 상대방 기분까지 바꾸는 것이다. 이러한 이유로 인간이 할 수 있는 가장 쉬운 '자선'이 바로 미소라고 말하는 것이다.

미소는 자신은 물론 주변 사람을 변화시키는 여섯 가지 기능을 한다. 우선 자신의 감정을 반사 신경처럼 자동으로 드러내는 표현 기능이 있다. 선물을 받는 사람이 짓는 미소는 속마음을 드러내는 역할을 한다.

둘째, 미소는 상대방과 잘 지내고 싶다는 의사를 전달하는 기능을 한다. 영업 사원이 고객에게 짓는 미소, 부하 직원이 상사에게 짓는 미소는 좋은 관계로 지내고 싶다는 의사 표현이다. 이는 상대방에 대한 투자로, 신뢰성과 매력을 높이는 기능을 하기도 한다.

셋째, '웃는 얼굴에 침 못 뱉는다'는 말처럼 미소는 감정 전염 emotional contagion을 일으킨다. 자신이 미소 지으면 상대방의 미소를 끌어낼 수 있고, 역으로 상대방 미소는 자신의 미소를 끌어낼 수 있다. 표정은 한마디로 전염력이 있다. 사람들은 우울해 보이거나 스트레스를 받는 상황, 혹은 그런 상황을 만드는 사람을 의도적으로 피하려고 한다. 행복이나 슬픔 같은 감정이 사람들 사이에 전염되기 때문이다.

넷째, '웃으면 복이 온다'는 말을 따라 의식적으로 웃으면 기분도 좋아지는 식으로 미소는 시뮬레이션 기능을 한다. 노력해 미소 지으면 그 움직임으로 자신의 생리도 변해 즐거워시는 것이다. 즐거운 일이 없어도 계속 웃다 보면 행복해지는 최면제인 셈이다.

마지막으로 운동이나 일을 할 때 웃으면서 하면 에너지도 적게 들고 실적도 좋아지는 응원 단장boost 기능이 있다. 올림픽 마라톤 금메달리스트인 케냐의 엘리우드 킵초게Eliud Kipchoge는 달리는 내내 웃는 표정을 짓는다. 과학자들은 웃으면서 사이클링을 할 때 에너지 소비는 28% 줄고, 기록은 12% 향상된다는 것을 밝혀냈다. "머리 좋은 사람은 노력하는 사람을 이길 수 없고, 노력하는 사람은 즐기는 사람을 이길 수 없다"는 글귀처럼 웃음은 신기록 제조기이자 응원 단장 역할을 한다.

표정은
서로에게 전염된다

사람들은 상대방의 안색이나 표정을 보고 어떻게 대응할 것인지를 결정한다. 실제 행복한 친구를 만나면 우울증에 걸릴 확률도 절반으로 떨어진다. 인간은 최근 아팠던 사람도 냄새로 귀신같이 알아내 접촉을 피하려 한다. 행복한 얼굴을 보면 분노나 공격성 또한 완화된다. 표정을 억누르는 것은 상대방 마음을 읽는 능력을 떨어뜨려 사회생활에 해가 되고, 관계를 해치며, 부정적 인상을 주기도 한다.

얼굴 근육 20여 개가 만들어낼 수 있는 표정은 무려 1만 개를 넘는다. 팔 근육처럼 얼굴 근육도 훈련을 통해 단련할 수 있기에 표정도 훈련으로 바꿀 수 있다. 대화 시간의 75%를 상대방 얼굴을 보는 데 투자하는 만큼 표정 관리는 중요하다. 표정은 상대방에 대한 태도와 감정 표현으로 일종의 투자다. 따라서 상대방의 표정을 보고 관계를 어떻게 맺을지 결정하게 된다. 표정은 인연을 만들기도 하지만 인연을 깰 수도 있다는 점을 명심하자.

주변에서 비호감으로 찍힌 사람들 혹은 호감 가는 사람들의 얼굴 표정을 살펴보라. 분명 다를 것이다. 늘 밝고 명랑한 표정으로 상대방을 대하는 사람 곁에는 그런 사람들만 모인다. 행복한 표정은 일거양득이다. 우선 자신도 행복해지지만, 상대방도 행복해한다. 더욱이 긍정적인 감정이 들어야 더욱 적극적으로 표현하게 된다.

다른 사람의 표정에 전염당하기보다는 자신의 밝은 표정을 다른 사람에게 전하는 것도 중요하다. 행복해지고 싶은가? 그렇다면 우선 불행의 전염을 피하라. 인간의 감정은 상대방으로부터 즉각적이고 자동적인 반응을 끌어내며, 유발된 감정의 크기는 원래의 감정 크기에 비례한다. 이 같은 감정 전염은 아주 짧은 시간 동안 노출되어도 일어나는데, 다른 감정에 비해 행복과 슬픔이 가장 강력한 전염성을 갖고 있다. 또한 슬픈 기분이 들면 자신이 나이 들었다고 생각하는 경향, 즉 자신의 인생이 단축된다는 느낌을 받게 된다.

다른 사람이 스트레스를 겪는 것을 보기만 해도 인간은 스트레스를 받는다. 스트레스를 겪는 타인을 보면 4명 중 1명꼴로 스트레스 호르몬이 증가한다는 조사 결과도 있다. 스트레스를 받는 사람이 친밀한 사이일 경우 40%, 현장에서 직접 볼 때 30%, 여성일 때 27%, 비디오로 볼 때 24%, 남성일 때 23%, 낯선 사람일 때 스트레스 호르몬 분비량이 10% 정도 증가했다.[3] 아무리 이기적인 인간이라고 해도 생면부지의 사람이 스트레스를 받고 있을 때 본인도 함께 스트레스를 받는 것이다. 그러니 가까운 사람의 행불행이 자신에게 미치는 영향을 무시할 수 없는 것이다.

독서를 할 때도 비슷한 결과가 나왔는데 주인공의 감정이 독자에게 전염됐다. 책을 읽는 동안 독자는 주인공에게 감정이 이입돼 주인공처럼 느끼고 행동한 것이다. 주인공의 동작을 실제로 따라 하지 않아도 같은 행동을 관장하는 뇌세포 부위가 활성화된다. 가령 주인공이 친구의 죽음에 슬퍼하며 눈물을 흘리는 장면을 읽을 때는 독자가 눈물을 흘리지 않더라도 눈물과 관련된 뇌 부위가 활성화되는 식이다. 슬픔을 공감한다는 증거다.

자녀의 표정은 부모의 성적표다. 자녀의 표정을 보면 가정환경과 성장 배경까지 추론할 수 있다. 가족의 커뮤니케이션 방식은 자녀에게 그대로 물려진다. 부모를 포함한 가족이 밝고 표현을 잘하면 자녀도 긍정적이고 감정 표현을 잘한다. 과학자들은 실제 목소리 톤이나 표정은 가족 간의 대화 과정에서 몸에 밴 결과라는 연구 결과를 내놓고 있다. 자녀에게 사람들이 피하는 표정을 물려줄 것인지, 사람을 끌어당기는 표정을 물려줄 것인지를 결정하는 것은 바로 부모 자신이다.

때로는
무표정이 필요하다

우리는 좋은 평가를 받기 위해 항상 밝고 상냥한 표정을 지어야 하는 것일까? 우울하거나 화가 난 표정을 좋아하는 사람은 없겠지만 비즈니스 상황에서는 표정에 주의해야 한다. '돈'과 관련된 일에서 '표정'이 들어가면 객관적이고 냉철해야 하는 관계에 혼란을 줄 수 있기 때문이다. 따라서 비즈니스 상황에서는 오히려 표정을 짓지 않는 편이 좋을 때가 많다.

재미있는 것은 비즈니스 관계에서 사회적 지위가 높은 사람일수록 무표정으로 자신의 지위를 드러내려는 경향이 강하다. 이처럼 표정이 비즈니스 관계나 업무 목적에 미치는 영향은 생각보다 크다. 고위층 인사들이 표정에 인색한 것이나 명품 패션

쇼에서 모델들이 무표정으로 워킹을 하는 것도 이 때문이다.

격투기 선수도 표정에 유의해야 한다. 격투기 선수들이 상대 선수를 만날 때 웃거나 미소를 띠면 적대감이나 공격성을 떨어뜨릴 수 있고, 자칫 상대방에게 봐달라는 신호로 해석될 수 있어 자신을 얕잡아 보게 만드는 상황을 초래할 수 있다. 실제 UFC 격투기 선수를 대상으로 미소와 승률의 관계를 조사한 결과, 웃지 않는 파이터의 승률이 훨씬 높았다. 이 같은 경향은 미식축구 선수에게도 나타난다.

경쟁 상황이나 사회적 지위를 과시해야 하는 상황에서 짓는 미소는 역효과를 낼 수 있다. 미소는 상황이나 상대방에 따라 다르게 비칠 수 있기 때문이다. 이처럼 때로는 감정을 숨기고 억제하는 것이 도움이 될 때가 있다.

우리는 종종 극도의 기쁨은 자제하라는 암묵적인 압박을 받는다. 경기에서 승리를 거두고도 상대편을 배려한다는 의도로 너무 좋아하지 못할 때도 있지 않은가? 그렇다면 감정을 숨기기 위해 포커페이스를 유지하는 게 현명한 전략인 걸까? 사실 그렇지 않다. 과학자들은 여러 실험을 통해 감정 표현을 억제하는 사람은 그 부작용으로 상대방의 감정을 읽어내는 능력과 공감 능력이 떨어진다는 결과를 발견했다. 인간관계에서 상대방의 감정을 알아채지 못한다면 대단히 치명적이지 않겠는가? 실제로 주름을 없애기 위해서 보톡스를 맞은 사람이 표정을 자유자재로 짓지 못하게 되자 상대방 표정을 읽는 데도 둔감해졌다는 연구 결과가 있다.

말주변이 없어도
호감을 사는 사람들의 비밀

미소
경쟁 시대

대개 미소는 행복의 표현으로 해석되지만 보다 다양하고 복잡한 속마음을 전달하기도 한다. 행복과 만족감으로 자연스럽게 짓게 되는 진짜 미소는 물론 누군가의 실패에 쾌재를 부르는 쌤통 미소, 난처한 상황에서 짓는 억지 미소, 상대방에 대한 관심과 호감 차원에서 짓는 매너 미소, 상사에 대한 예우 차원의 비굴 미소 등 종류도 참 다양하다.

여기서 하나 놓치기 쉬운 게 있다. 웃는 사람이 누구인지에 따라 상대방이 받아들이는 의미가 다르다는 것이다. 사회적 지위와 관련해 강인한 사람의 웃음과 약한 사람의 웃음에는 차이가 있다. 키는 사회적 지위와 관련이 있는데 그래서 키가 작은 사람의 미소와 키가 큰 사람의 미소는 다른 효과를 낸다. 일반적으로 키가 큰 사람이 웃으면 상대방에 대한 호감의 표현으로 해석될 수 있지만, 키가 작은 사람의 미소는 낮은 사회적 지위의 확장으로 해석돼 때로는 복종의 의미로 해석될 수 있다.

진정성 있는 미소를 짓는 데는 평균 3초가 걸린다고 한다. 미소는 협조의 시그널이므로 가짜 웃음으로 상대방을 속이려는 사람도 있다. 진짜 미소든 가짜 미소든 입가에 주름이 생기는 것은 동일하나 둘의 차이는 눈가 주름에 있다. 누구나 마음만 먹으면 입가 미소를 지을 수 있지만 눈가 미소는 마음먹는다고 되는 것은 아니다. 눈가 미소는 상대방에 대한 감정이 그대로 드러난 자율 반사적 반응이기 때문이다. 웃을 때 생기는 눈가 주름은 진짜 미소를 의미하기에 상대방을 진실한 사람으로 보게 만든다.

우리는 미소 경쟁 시대를 살아가고 있다. 미국 고등학교 15만 명의 연감 사진을 100여 년간(1900~2010) 분석한 연구가 있다. 그 결과 시간이 흐를수록 학생들의 미소가 더욱 커졌다는 사실이 드러났다. 앨범 속 학생들이 짓는 미소의 정도를 평균화해 시대별로 비교해보니, 남녀를 막론하고 시간이 지남에 따라 미소의 크기가 더욱 커진 것이다. 1900년대에는 학생들이 아주 미세

말주변이 없어도
호감을 사는 사람들의 비밀

하게 미소를 지었지만 2000년대 들어서자 대부분의 학생이 밝게 미소를 지었고, 남성보다는 여성이 더욱 크게 미소를 지었다.[4]

취업난과 SNS의 확산으로 미소 경쟁은 더욱 확산되고 있다. SNS에 올리는 프로필 사진이나 셀피selfie를 우울하게 찍고 싶은 사람은 없을 것이다. 더 크고 밝게 웃어 사람들에게 좋은 인상을 남기려 하는 것이 모두의 바람이다. 하지만 미소가 자연스럽게 얼굴에 밴 사람이 있는가 하면 어딘지 어색한 사람도 있다. 얼굴 근육이 만들어내는 미소는 훈련을 통해 자연스럽게 바꿀 수 있다.

이처럼 이 시대를 살아가는 사람들은 어떻게 하면 더욱 밝게, 자주 미소를 지을지 경쟁한다. 여성 배우뿐만 아니라 남성 배우도 살인 미소로 여심을 유혹해야 스타로 살아남는 게 현실이다. 우리는 어떤가? 세파에 휘둘려 점차 미소를 잃어가고 있지는 않은가? 행복한 일이 없는데 어떻게 웃을 수 있겠느냐 반문하고 싶을지 모르겠다. 하지만 그저 필요에 의해 억지로 미소를 짓는다고 해도 그것만으로 타인은 물론 나 자신까지 행복해질 수 있다. 미소는 호르몬 변화를 가져오기 때문이다. 그러니 일단 웃어보자.

얼굴에 맞는
미소가 따로 있다

미소라고 모두 같은 것은 아니다. 미소는 지문처럼 개인마다 특색이 있다. 표정 역시 상황이나 분위기, 상대방에 따라 달라져야 한다. 즐거워하는 상대방에게는 적극적으로 공감하는 표정이, 슬픔에 빠진 상대방에게는 감정을 자제하고 함께 나누려는 듯한 절제된 표정이 필요하다.

　사람마다 미소나 웃음의 크기는 다르다. 어떤 사람은 웃는다고 하는데 '썩소'를 날리는 사람이 있고, 어떤 사람은 그야말로 '핵 미소'를 날리기도 한다. 한 직장인에게 "웃음이 크지 않고 자연스럽지도 않다"고 코멘트 했다. 자신은 웃었는데 왜 그렇게 생각하는지 물었다. 또 다른 사람은 자신은 항상 웃는데 친구들이 비웃지 말라고 말한다고 불평했다. 그 답은 얼굴 생김새에 있다. 웃음은 얼굴이라는 개인마다 다른 캔버스에 2~3초간 그렸다 지우기를 반복하는 것이기에 얼굴 생김새를 이해해야 한다. 얼굴 생김새에 따라 표정이 달라지기 때문이다.

미소는 얼굴형, 얼굴 크기와 입체성, 이목구비 크기와 비율, 노출된 치아의 수, 치아 상태와 색, 자신감, 입술 상태와 색, 윗입술 형태, 아랫입술과 입꼬리가 만드는 각도, 미소의 크기, 좌우대칭 등 다양한 변수의 상호작용을 통해 결정된다. 이목구비 크기가 같다면 얼굴이 큰 사람의 웃음이 작은 사람에 비해 커 보인다. 다음으로 얼굴 크기가 같다면 코의 크기가 얼굴의 입체성을 좌우하기에 코가 큰 사람이 작은 사람에 비해 웃음이 커 보인다. 또한 웃을 때 드러나는 치아의 수가 많으면 많을수록 웃음이 커 보일 것이다. 웃을 때 이를 드러내면 사람들은 더 빨리 이를 알아채기 때문이다.

모든 사람이 웃는다 해서 그 웃음의 강도까지 같은 것은 아니다. 즐겁고 행복한 감정을 표현하는 화폭은 얼굴로, 얼굴 모양에 따라 표현되는 감정 크기도 다르게 인식되는 것이 현실이다. 똑같은 즐거움을 표현해도 어떤 사람은 무척이나 행복해 보이는 반면 어떤 사람은 그다지 행복해 보이지 않는다. 이목구비가 상대적으로 뚜렷하고 코가 큰 데다 얼굴이 작은 서양인은 미소가 얼굴 전체에 퍼진다. 웃음의 강도 내지 크기를 좌우하는 변수는 수없이 많다. 서양 여성들이 주로 눈 화장에 집중하는 것도 미소 지을 때 눈의 효과를 알기 때문이다. 따라서 입 모양만 방긋할 것이 아니라 얼굴 형태, 화장, 그리고 다른 보조 수단을 통해 자신의 미소를 최대화하는 것도 중요하다.

자신의 얼굴 특성을 분석하고 그 웃음이 어떠한지를 알아야 상대방 반응을 좌우할 수 있다. 코가 작은 사람은 웃어도 상대방에게 비춰지는 웃음, 즉 행복함은 약하기 때문에 다른 기법을 활용해야 한다. 예컨대 표정이 작으면 상체를 뒤로 젖히거나 소리를 내서 웃는 식으로 자신의 감정을 표현해야 한다. 얼굴로 표현되는 감정의 강도는 얼굴의 모양(미소를 만드는 눈, 코, 입의 구조)과 손이나 머리를 뒤로 젖히는 등의 제스처, 그리고 미소와 함께 내는 웃음소리 등 다양한 변수의 화합물이다.

과학자들은 완벽한 미소의 비결을 찾아 나섰고 어느 정도 성과를 거두고 있다. 실제 완벽한 미소는 치아, 아랫입술과 입꼬리가 만들어내는 각도, 미소의 크기가 좌우한다. 최적의 미소는 아랫입술과 입꼬리가 만드는 각도가 약 13~17도가량 올라가야만 한다. 그럼에도 누구에게나 통하는 완벽한 미소는 없다. 대신 개인마다 치아 노출 등 다양한 요인을 조정해 자기만의 미소를 만드는 게 더욱 중요하다.

미소 근육 만드는
방법

어떤 사람은 주변으로부터 항상 웃는 얼굴이라는 평을 받는다. 어떤 사람은 무표정하거나 우울해 보인다는 평을 받기도 한다. 사람마다 개인을 상징하는 표정이 있으며, 그것이 바로 그 사람 고유의 대표signature 표정이라고 할 수 있다. 웃는 것이 어색하다고 해서 굳이 웃지 않으려고 하는 것보다 어색해도 웃는 것이 자신은 물론 주변 사람의 행복을 위해서 필요하다. 따라서 대표 표정을 미소로 만드는 노력은 행복한 인생의 전주곡이라고 할 수 있다.

'웃으면 복이 온다'는 말처럼 웃으면 누구나 좋다는 것은 알고 있지만, 사람들이 웃음을 어떻게 받아들이냐는 또 다른 문제다. 웃음은 자신과 상대방에게 미치는 효과도 다르고 웃음에 대한 상대방의 해석 또한 다양하기 때문이다. 본인은 기분이 좋아서 웃는데 상대방은 그 웃음을 썩소, 냉소 등으로 다르게 해석할 수 있다.

표정에 대한 이론 공부는 이 정도로 마치고 이제 미소 근육 훈련에 들어가 보자. 미소 근육을 만들기 위해서는 지속적인 운동이 필요하다. 얼굴에 있는 20개의 근육을 단련해 자신만의 매력을 발산하는 미소를 만드는 데는 크게 네 가지 방법이 있다.

첫째, 틈나는 대로 셀피를 찍어라. 셀피를 찍는 동안은 누구나 행복한 모습을 보이려 할 것이다. 따라서 셀피를 찍는 몇 초만이라도 행복한 표정을 짓는 근육 훈련이 가능한 셈이다. 물론 이때 입꼬리만 올릴 수 있지만, 행복한 추억을 생각하면서 미소 짓는다면 입꼬리뿐만 아니라 눈꼬리까지 움직이는 진짜 웃음이 가능해진다.

둘째, 행복을 가까이하고 우울한 것을 멀리하라. 행복해지고 싶다면 행복한 사람이나 추억, 밝은 노래와 영화 그리고 뉴스를 의도적으로 가까이해야 한다. 이 중 효과가 큰 것은 글과 음악이다. 신나는 노래를 들으면 금세 기분이 좋아지고 운동할 때 힘이 덜 드는 경험을 누구나 한 번쯤 했을 것이다. 암울한 내용의 영화나 SNS 게시물을 가급적 피하는 것만으로도 도움이 된다. 우리를 가장 오래 괴롭히는 감정은 슬픔으로 120시간(5일) 동안 우리 곁을 맴돌지만 즐거움은 35시간(1일 11시간) 맴돈다. 이 때문에 즐거움은 가까이하고 슬픔은 멀리해야 한다는 '즐근슬원'의 원칙을 지켜야 한다.

셋째, 사소한 것에도 감사하라. 식탁에 혼자 앉아 저녁을 들지 않고, 부모나 배우자와 함께 저녁 식사를 할 수 있는 것도 영원한 것은 아니다. 언젠가는 반복될 수 없는 일이다. 이때 그냥 "함께 저녁 먹어줘서 고마워"라고 한마디 하면 된다. 긍정적 감정을 표현함으로써 자연스러운 미소가 가능해진다.

마지막으로 콧노래를 즐겨라. 좋은 일이 있으면 샤워할 때 자신도 모르게 콧노래를 부르게 된다. 콧노래는 즐거운 기분과 연결돼 있다. 따라서 콧노래는 역으로 즐거운 기분을 불러일으킨다. 연인, 자녀, 좋은 추억을 떠올리며 콧노래를 불러라. 가볍게 콧노래를 하는 것만으로도 자신의 행복을 극대화할 수 있을 것이다.

자신만의 멋진 미소를 단련하면서 유념해야 할 것은 바로 미소의 '평가 기준'이다. 미소를 평가할 때 네 가지 기준이 있다. 첫째, 미소 빈도로 가령 상대방과 만나고 있을 때 얼마나 자주 웃느냐이다. 둘째, 웃음 양으로 자신과 만나고 있는 동안 얼마나 웃고 있느냐이다. 셋째, 웃음 강도로 작게 아니면 크게 웃느냐라는 문제이다. 슬며시 웃는 사람이 있는가 하면 박장대소하는 사람도 있다. 마지막으로 웃음 지속 시간으로 한 번 웃으면 얼마나 오랫동안 웃느냐이다. 이를 기준으로 자신의 미소를 평가해 방사형 그래프를 만들면, 자신만의 미소를 만드는 데 도움이 될 것이다.

3장
호감을 사는
두 번째 비밀
반응성

대화의 반은
반응이다

대화란 상대방이 말할 때 자신은 듣고, 자신이 말할 때는 상대방이 듣는 것을 반복하는 말하기와 듣기의 교차라고 할 수 있다. 대화 시간의 50%는 말하는 데 나머지 50%는 상대방의 말을 듣는 데 투자해야 한다는 것이 바로 '50 대 50 원칙'이다. 직접 말을 해야 할 때는 전달하고자 하는 말의 콘텐츠와 전달 방식까지 고민해야 하지만, 상대방의 이야기를 들을 때 중요한 것은 반응성, 즉 '리액션'이다. 콘텐츠를 준비하는 데는 많은 투자가 필요하지만, 반응에는 상대적으로 약간만 투자해도 큰 효과를 거둘 수 있다.

모두가 알다시피 말하는 것도 중요하지만 듣는 것이 더 중요할 때도 있다. 듣기에서 매우 중요한 반응은 대개 세 가지 방식으로 표현된다. 첫째, 말하는 상대방에게 주목하고, 그가 말하는 내용을 이해하며, 내용에 대해 찬반을 표현하는 방식이다. 상대방이 말할 때 주목하거나 주목하지 않는 방식으로도 반응할 수 있다. 둘째, 대화 내용에 대한 감정적인 반응(긍정적, 부정적, 중립적)으로 드러날 수 있다. 셋째, 대화를 들으면서 상대방 말에 질문하는 식으로 능동적으로 반응할 수도 있고, 맞장구를 치며 수동적으로도 반응할 수 있다.

상대방이 이야기할 때 우리가 보일 수 있는 구체적인 반응에는 표정 짓기, 주목하기, 감탄사 내뱉기, 고개 끄덕이기, 몸 앞으로 기울이기 등 다양하다. 이와 같은 반응을 많이 한다는 것은 상대방과 관계가 좋다는 의미이며, 그 반대의 경우라면 관계에 빨간불이 들어온 것으로 짐작해도 크게 틀리지 않다.

반응성은 상대방에 주목하고 있다는 단서와 표정을 통해 드러나는 감정적 표현으로 크게 구분할 수 있다. 먼저 우리는 대화를 할 때 자신이 상대방 이야기를 제대로 듣고 주목하고 있음을 드러내는데, 그것이 바로 "음~", "아!"와 같은 감탄사 내뱉기나 고개 끄덕이기, 응시와 같은 몰입 시그널이다. 특히 고개 끄덕이기나 응시는 '당신의 말을 듣고 있고 이해하고 있으니 말을 계속하라'는 의미로도 읽힌다. 그리고 미소는 당신의 말에 동의하며 기분이 좋다는 신호가 될 수 있다.

시선이나 제스처 같은 몸짓 언어만으로도 다양한 반응을 표현할 수 있다. 여러 몸짓 언어를 통해 대화 내용을 긍정하거나 부정할 수 있는데, 시선, 거리, 자세, 박수, 미러링, 억양, 목소리, 터치 등 그 종류나 유형에 따라 반응의 방법은 셀 수 없이 다양하다. 또한 제스처 같은 몸짓 언어에 짧은 언어를 더해 반응성을 높일 수 있다. "와!", "대박!" 같은 격려나 지지의 의미가 담긴 추임새를 넣을 수도 있고, "말도 안 돼!", "삥!" 같은 야유를 보내며 무시할 수도 있다.

한마디로 반응은 '종합 예술'이라고 할 수 있다. 실생활에서 사람들은 누군가와 이야기를 하며 긍정적 반응과 부정적 반응, 언어 반응과 비언어 반응을 쉴 새 없이 보이며, 여기에 더해 반응의 크기를 조절하여 활용한다. 결론적으로 반응성은 방향(긍정적 대 부정적), 종류(언어 대 비언어), 크기에 따라 복잡하게 작용한다. 따라서 이러한 반응을 복합적으로 활용할 경우 그 효과를 극대화할 수 있다.

반응성=방향×종류×크기

이를테면 상대방 이야기에 자신이 기쁘다는 것을 표현할 때, 입꼬리를 올려 웃으며 눈을 크게 뜨고 "행복해!"라고 소리치면서 두 팔을 하늘로 쭉 뻗는다면, 당신이 얼마나 행복해하고 기뻐하는지를 상대방이 단번에 알 수 있다.

반응형은 그 방향과 크기에 따라 크게 치어리더cheerleader형, 모나리자Mona Lisa형, 냉소가cynic형, 구경꾼onlooker형으로 구분할 수 있다.

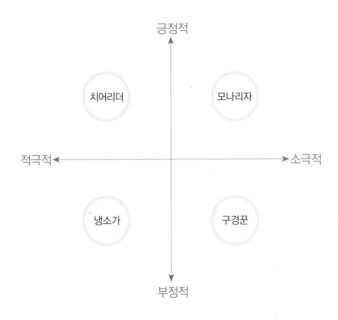

네 가지 반응형

말주변이 없어도
호감을 사는 사람들의 비밀

우선 치어리더형은 응원 단장처럼 상대방의 말에 열정적으로 지지하는 유형이다. 모나리자형은 모나리자처럼 지그시 미소 지으며 은근하게 지지하는 유형을 말한다. 다음으로 냉소가형은 상대방을 격려하기보다는 부정적인 측면만을 강조하는 유형이다. 마지막으로 구경꾼형은 가타부타를 드러내지 않는 무반응 유형이다. 누군가와 대화를 나눌 때 상대방이 반응을 보이지 않는다면 나를 무시하고 있구나 싶어 모멸감을 느낄 수 있다. 네 가지 반응형 가운데 무엇을 선택하느냐에 따라 당신에 대한 평가가 달라질 수 있음을 명심하자.

반응은 상대방을
춤추게 한다

평범한 가정의 저녁 식사 시간, 아빠와 엄마 그리고 대학생 아들과 딸이 식탁에 둘러앉아 식사를 하고 있다. 여느 때처럼 각자음식 씹는 소리만 들리던 식사 자리 분위기가 아들의 한마디로한순간 전환됐다.

엄마가 끓인 된장찌개를 한 숟가락 떠먹은 아들이 다음과 같이 말한 것.

"으음~! 엄마 이 찌개 정말 맛있다. 엄마가 직접 끓인 거야?완전 대박!"

이제까지 그저 말없이 수저질만 하던 아들이 이렇게 반응하자 엄마는 어리둥절해했다. 하지만 아들의 반응에 엄마는 식사 내내 즐거웠고, 아빠와 여동생도 덩달아 기분이 좋아졌다.

다음 날 엄마는 아들에게 전화해 저녁에 무엇을 먹고 싶은지 물었다. 아들의 사소한 반응에 단조로웠던 식사 분위기가 활기차고 서로를 격려하는 분위기로 변했다. 이런 시간들이 반복되자 이제는 식사 자리에서 "음~"이라는 감탄사만 나와도 '음식이 정말 맛있다'라는 표현임을 가족 모두가 알게 됐다.

이 사례는 반응이 사람들 사이에서 어떤 변화를 가져오는지에 대한 과제를 해야 했던 한 남학생의 경험담이다. 평소 무뚝뚝하고 소극적이었던 그는 과제 발표를 준비하며 식사 자리에서 장난삼아 이렇게 반응했다가 기대치 않았던 가족들의 변화에 깜짝 놀랐다고 했다.

이 학생은 내친 김에 늘 수줍어하고 남들 앞에 나서기를 주저하던 성격을 고치고 싶어 신용카드 모집 아르바이트를 하기로 결심했다. 낯선 사람들에게 신용카드의 혜택을 알리며 상품 가입을 제안해야 하는 업무 특성상 기존의 성격으론 어림도 없었지만, 그는 가족의 변화를 이끌었던 '반응'의 효과를 믿으며 열심히 일했다. 그리고 이내 굴지의 신용카드 회사에서 모집왕의 자리를 차지했다.

성격이 바뀐 것은 물론이다. 주변 사람들에게는 물론이고, 처음 만난 사람에게도 자연스럽게 말을 걸며 적극적이고 주도적으로 인간관계를 맺는 성격으로 변했다. 사소한 대화에서의 변화가 연쇄 반응을 불러온 것이다. 그는 이러한 자신의 변화와 이력을 세세하게 자기소개서에 썼고, 이에 감명을 받은 국내 대기업에서 일하며 승승장구하고 있다.

이처럼 반응은 가정이나 사회생활에서 아주 쉽게 실천할 수 있는 배려이자 매너다. 말문을 떼는 게 어렵다면 아주 간단한 몸 대화로도 반응할 수 있다. 누군가가 나타났을 때 눈을 마주치고 잠시 미소를 지어도 좋다. 누군가와 이야기를 하고 있었다면 목소리를 약간 낮추며 몸을 돌리는 것만으로도 충분하다. 상대방이 다가오면 몸을 약간 뒤로 빼면서 상대방이 들어올 공간을 내주는 것도 배려 깊은 반응이다. 이로써 상대방은 당신이 자신에게 긍정적으로 반응하고 있다고 짐작한다. 이러한 시도를 하나하나 해도 좋지만 동시에 한다면 효과가 극대화될 수 있다.

TV 음악 프로그램을 보면 가수들이 관객의 호응을 끌어내기 위해 얼마나 노력하는지 알 수 있다. 노래를 부르는 중간중간 마이크를 관중에게 돌리며 따라 부르게도 하고, 손을 들어 박수를 유도하기도 한다. 또 가수가 노래를 부르는 사이 카메라맨이 클로즈업하는 관객들의 모습은 어떤가? 눈을 지그시 감고 음미하는 사람, 볼을 타고 흘러내리는 눈물을 닦는 관객, 자리에서 벌떡 일어나 춤을 추는 이들까지 그들은 자신이 가수의 노래에 얼마나 공감하고 있는지를 몸과 얼굴로 표현한다. 이런 관객들을 보며 노래를 이어가는 가수의 몰입도는 정말 최고일 것이다. 그리고 이를 보는 시청자까지 현장에 있는 듯 흥분하게 된다.

이성에겐
공감으로 반응하라

여성과 대화할 때 상대방의 마음을 사로잡는 비결은 '공감'이다.
여성의 눈을 바라보면서 종종 눈을 동그랗게 떠 관심이나 호감
을 표시하는 남자, 이야기를 진지하게 귀 기울여 들어주면서 분
위기를 편안하게 만들어주는 남자. 여자들이 정말 원하는 남자
다! 중간중간 고개를 끄덕이며 공감을 표하고 "아, 맞아"라는 말
로 추임새까지 넣어준다면 더할 나위 없다.

　까칠한 도시 남자가 인기라지만, 어려움을 하소연하거나 재
미있는 이야기를 풀어낼 때 자신의 힘든 상황을 깊이 이해하고
있다는 듯, 정말 재미있는 이야기라는 듯 몰입해 들으며 공감해
주는 남자를 싫어할 여자는 거의 없을 것이다.

말은 잘하면 관계를 더욱 깊게 만들 수도 있지만, 자칫 말 한 마디로 관계가 한 번에 무너질 수도 있다. 말을 잘한다는 것에는 상대방의 속마음을 읽고 상대방이 듣고 싶어 하는 이야기를 아름답고 감동스럽게 한다는 의미까지 포함된다. 그래서 말은 어렵다. 하지만 반응은 어떤가? 누군가와 대화할 때 난해하고 오묘한 제스처가 꼭 필요한 것은 아니다. 그저 상대방이 하는 말을 잘 들어주는 것, 시선을 마주치고 때에 따라 적절히 반응하는 것처럼 아주 간단하고도 쉽다.

인간관계에서 상대방의 호감을 사는 것은 쉬운 일이 아니지만, 반응만으로 이성에게 호감을 얻고 나아가 성욕까지 유발할 수 있다. 반응성은 여성이 남성의 마음을 사로잡는 데도 큰 도움이 된다. 남성은 반응을 크게 하는 여성에게 더욱 성적인 매력을 느끼며 그런 여성을 보다 여성스럽다고 평가하면서 배우자감으로도 선호한다. 번바움Birnbaum 교수팀은 반응이 보통인 여성과 반응이 큰 여성에게 점수(5점 만점)를 주게 했는데, 남성은 반응이 보통인 여성(2.66점)보다 크게 반응하는 여성(3.31점)이 더 매력적이며 여성스럽다고 평했다. 또한 반응이 보통인 여성(2.17점)보다 크게 반응하는 여성(3.52점)이 자신을 성적으로 흥분시킨다고 평가했다. 결론적으로 각 항목에서 반응이 큰 여성

(평균 3.41점)은 보통인 여성(평균 1.93점)보다 결혼을 전제로 교제하고 싶다는 평가했다.[5]

긍정적 반응이 이성과의 데이트에서는 어떤 결과를 낳게 할까? 처음 만난 이성과 4분여 동안 차례로 대화한 뒤 데이트 상대방을 고르는 스피드 데이팅에서 남녀의 성공 비결은 달랐다. 여성은 자신의 말을 지지하고 공감하는 반응을 보인 남성에게 호감을 보였다. 특히 자신이 말하는 도중 자주 끼어들기까지 하면서 격렬하게 공감하는 남성에게 호감을 표시했다. 가령 "나도 그런 스타일의 상사와 일하고 있는 데 정말 고역입니다!"라는 식이다. 눈에 띄는 남녀 차이도 있었다. 여성은 '나'라는 단어를 많이 사용하고 자신에 관해 말을 많이 할수록 데이트에서 성공할 가능성이 컸고, 남성은 '당신You'이란 단어를 많이 사용하고 자신보다는 상대 여성에 대해 많은 이야기를 할수록 데이트에서 성공할 가능성이 컸다. 예상과 달리 날씬한 여성이나 키가 큰 남성이 호감을 사는 데 큰 이점은 없었으며, 이야기를 망설이거나 관계에 서투른 남성은 인기가 없었다.[6]

평생을 함께하기로 약속한 부부가 헤어지게 되는 이유는 가지각색일 것이다. 하지만 그 시작은 대화 단절일 가능성이 크다. 연애할 때는 관계를 지속하기 위해 모든 연인이 대화에 많은 투자를 한다. 하지만 교제 기간이 길어질수록 대화 소재가 점차 고갈되고 흥미를 잃게 된다. 연애 초반에는 상대방이 좋아하는 소재를 찾아보고 함께 대화하기 위해 노력하지만 나이가 들면 별다른 노력 없이 그저 정치나 드라마 이야기를 주고받는 데 만족한다. 그러다 남편은 뉴스, 아내는 드라마만 찾고 TV도 따로 보게 되면 그 짧은 대화마저 단절되는 것이다.

비교적 오랜 세월 결혼 생활을 유지해온 사람들에게서 볼 수 있는 특징은 다음과 같았다. 그들은 상대방이 이야기를 할 때 바라보며 서로에게 주목했다. 상대방 이야기에 공감하면서 반응했으며 자신의 생각을 적극적으로 표현했다. 대화에는 지속적인 투자가 필수적인 것이다.

대화와 적절한 반응이야말로 악화된 관계를 개선할 수 있는 강력한 수단이다. 구체적으로 로맨틱 코미디를 함께 보면서 그 내용을 두고 이야기를 나눈 커플은 이혼률이 절반으로 뚝 떨어졌다. 2013년 미국 로체스터대학의 로깃Rogget 교수팀은 부부가 함께 로맨틱 코미디를 시청한 뒤 그 내용과 자신의 관계를 자유롭게 말한 커플은 다른 커플의 절반 이하인 11%로 이혼율이 떨어짐을 발견했다.[7]

이야기를 하는 상대방이 계속 더 많은 말을 하고 싶도록 만들고, 또다시 이 사람과 만나고 싶다는 생각이 들게 하는 것이 바로 반응이다.

　대화 과정에서 나타나는 반응성은 대화에 대한 흥미와 몰입을 결정하고, 대화를 계속할 것인지 끝낼지 등을 좌우한다. 어떻게 반응하는지에 따라 대화 자체의 성패는 물론 대화 이후 그 사람에 대한 평가까지 결정짓는다는 것을 잊지 말자.

반응은
관계의 접착제다

반응성은 호르몬 변화까지 가져온다. 반응을 잘하면 상대방의 테스토스테론 분비량을 감소시켜 사람을 나긋나긋하게 만들고, 스트레스 호르몬인 코르티솔을 떨어뜨려 마음을 편안하게 한다. 특히 사랑 호르몬인 옥시토신을 증가시켜 상대방과 유대감을 가질 수 있게 만든다. 반응성은 이처럼 상대방과 자신 사이에 놓인 유리 벽을 자연스럽게 허물어 상대방과의 관계를 근본적으로 바꿀 수 있는 생리적, 심리적 변화를 일으킨다.

대화할 때 상대방이 크게 반응하면 우리는 상대방을 더욱 신뢰하게 되고 협조하고 싶은 마음을 갖게 된다. 이처럼 반응은 관계를 잇는 강력 접착제라고 할 수 있다. 반응은 대화 과정에서 긍정적 기분을 공유하게 만들어 걱정이나 스트레스 해소는 물론 실패를 슬기롭게 극복할 수 있게 만든다.

페이스북이나 인스타그램 같은 SNS에서 우리는 엄지손가락을 치켜든 모양의 기호나 하트를 눌러 게시물에 긍정적인 반응을 남긴다. 긍정적인 네트워킹이야말로 관계를 끈끈하기 이어주는 접착제이기 때문이다. 이처럼 반응성은 개인 간의 친밀도와 관계 만족도를 끌어올린다.

상대방의 게시물이나 이야기에 아무런 반응도 하지 않거나 부정적으로 반응하게 되면 상대는 이내 입을 닫게 되고 소통하고 싶은 마음을 잃게 된다. 자신에게 반응하지 않거나 부정적으로 반응하는 사람에게 계속해서 말을 걸려는 사람이 어디 있겠는가?

과학자들은 세상을 삐딱하게 바라보는 것이나 장밋빛으로 낙관하는 사람의 관점 차이가 타고난 유전자 때문이라고 밝혔다. 따뜻한 햇살 같은 유전자를 물려받은 사람이 있는가 하면, 음울한 그늘이 있는 것처럼 비관적인 성향을 보이는 유전자를 물려받은 사람이 있다는 것이다. 세로토닌 수용체Serotonin Transpoter의 길이가 길 경우, 세로토닌 효과가 순조롭게 발현돼 행복을 강하게 느끼게 된다. 쉽게 말해 길이가 긴 햇살 유전자5-HTTLPR

를 갖고 태어난 사람은 모든 일을 긍정적으로 해석하기 때문에 작은 일에도 기뻐하고 주어진 관계에 만족하는 경향을 보인다. 반대로 매사를 삐딱한 눈으로 바라보고 쉽게 부정적인 결론을 내리는 사람은 불행할 가능성이 높다.

앞서 여러 차례 강조했듯 감정은 전염된다. 그러니 햇살 유전자를 가진 사람을 가까이하면 행복한 감정이 전염되어 더불어 행복해질 수 있다. 다만 행복한 인생이 유전자로 완전히 결정되는 것이 아니라, 인간관계와 대화 속에서 반응을 통해 밝고 긍정적인 영향을 주고받을 수 있다는 것도 잊지 말아야 한다.

당신은 사람들을 만나 대화하면서 어떻게 반응했는가? 그 반응은 긍정적인 반응이었는가 아니면 부정적인 반응이었는가? 당신이 상대방과 주고받은 대화 내용은 긍정적이었는가, 부정적이었는가? 또한 상대방이 이야기를 할 때 당신은 얼마나 긍정적인 표정을 짓고 긍정적인 눈길로 반응했는가?

나와 상대방이 더불어 행복한 감정을 나눌 수 있는 강력한 몸짓 언어가 긍정적인 반응이다. 양이 한정되어 있는 것도 아니며, 자주 쓴다고 닳아서 없어지는 것도 아닌 이 무한한 자원을 아끼지 말자.

어떻게
반응할 것인가

우리는 다양한 방식으로 반응한다. 언어는 물론 표정, 미러링, 시선, 목소리, 터치, 자세, 제스처 같은 같은 몸짓 언어를 통해서 반응할 수 있다. 대화 도중 보일 수 있는 반응은 여러 시그널의 결합을 통해 표현되기도 한다. 이를테면 "깜짝 놀랐다!"라고 말하면서 눈을 크게 뜨는 식으로 언어와 몸짓 언어를 결합하는 식이다. 여기에 더해 팔을 옆으로 펼친다면 언어와 눈, 제스처를 동시에 활용한 것이다.

　반응은 몸짓 언어 기법의 토대라고 할 수 있다. 대화를 나누며 자연스러운 상황에서 상대방을 가볍게 터치하거나 목소리 높낮이와 크기를 조절하며, 미러링을 하거나 자세에 변화를 주고 표정을 바꾸는 등 우리는 다양한 몸짓 언어 기법을 구사할 수 있다.

본래 목소리가 낮고 작으며, 평소 잘 웃지 않아서 반응성이 작은 사람은 제스처를 취하는 데 한계가 있다. 하지만 보통 사람에 비해 반응성이 큰 사람은 다양한 제스처를 능숙하고 자연스럽게 취할 수 있다. 생각해보라. 원래 소극적이고 조용한 사람이 갑자기 상대방을 터치하거나 과감한 행동을 하면 어색하지 않겠는가? 반면 원래부터 동작이 크고 웃음을 잘 참지 못하는 사람이라면 상대방을 터치하거나 목소리를 높이는 행동도 이상하지 않을 것이다.

보통 반응할 때는 눈과 표정, 목소리가 주축이 된다. 이 세 가지가 상대방 눈에 쉽게 띄기 때문이다. 대화를 나눌 때 인간은 대개 상대방의 얼굴과 입에 주목하며 목소리에 민감하게 반응한다. 따라서 눈과 표정, 목소리를 중심으로 자세, 터치, 미러링은 보조적인 수단이 되는 셈이다. 실제로 자세나 터치는 반응 크기를 키우는 역할을 한다.

앞에서도 말했듯 성공적인 대화를 이끌어나가기 위해서는 반드시 투자가 필요한데, 대화 기법 중 가장 경제적이면서 손쉽게 효과를 볼 수 있는 것이 반응이다. 대화에서 성공하기 위해 사람들은 대화 소재를 찾는 데 노력을 아끼지 않는다. 신문을 구독하거나, TV를 시청하며, 인터넷을 검색한다. 세상이 어떻게 흘러가는지 트렌드를 살펴보기 위한 목적도 있지만, 그 모든 것을 대화 소재로 활용하기 위한 목적이 크다고 볼 수 있다. 협상이나 비즈니스 미팅을 위해서는 사전에 전문 지식을 충분히 습득해야 한다. 단어 하나만 잘못 써도 소송에서 질 수 있을 정도로 말 한마디가 중요한 순간이 많기 때문이다. 이에 비해 비언어적 수단인 반응은 '최소 비용 최대 효과'라는 경제원칙에 가장 부합하는 대화 기법이다.

상대방과 대화할 때, 무뚝뚝한 표정과 무반응으로 일관하는 것이 아니라 긍정적이면서도 동시에 다양한 레퍼토리로 반응한다면 기대 이상의 보상을 얻을 수 있을 것이다. "와 신기하다", "어떻게 그런 걸 알아" 같은 멘트로 상대방의 똑똑함을 칭찬하면 금상첨화다.

반응성은 다양한 인간관계에서 신뢰와 친밀감을 불어넣는다. 이는 연인 관계는 물론 직장에서 상사 및 동료와의 관계, 환자와 의사 관계, 지도자와 추종자의 관계, 심지어 낯선 사람과의 관계에서도 효과를 드러낸다.

인간은 반응을 통해 상대방에 대한 지지나 거부 의사를 드러내는데, 조금만 훈련하면 누구나 능숙하게 이를 활용할 수 있다. 인간관계에서 관계 브레이커가 될 것인가, 관계 메이커가 될 것인가를 결정짓는 것도 반응성이라고 할 수 있다.

반응의 3단계:
이해-존중-표현

몸짓 언어 기법 중 하나인 반응으로 성공적인 대화를 이뤄내려면, 다음 세 가지 요소가 모두 맞아떨어져야 한다. 그 세 가지란 대화 상대방에 대한 이해(욕구, 강점, 약점 등), 상대방에 대한 존중, 상대방에게 감정 표현하기다. 쉽게 말해 상대방에 대해 제대로 이해하지 못하고 있거나, 이해는 하지만 존중하지 않는다거나, 이해하고 존중하는 마음은 있는데 상대방에 대한 자신의 감정을 표현하지 않는다면 제대로 된 반응이 이뤄지기 어렵다. 이세 박자가 맞지 않으면 오히려 반응 때문에 관계에 금이 갈 수도 있다.

이해-존중-표현으로 완성되는 반응은 긍정적 반응과 부정

말주변이 없어도
호감을 사는 사람들의 비밀

적 반응 그리고 무반응의 결과로 나뉜다. 이해와 존중에서 그치면 무반응이 되고, 이해와 존중 없는 표현은 영혼 없는 반응에 그친다. 이해와 존중이 우선된 표현이야말로 긍정적 반응으로 이어지니 이 세 박자를 잘 맞추는 것이 중요하다. 인간이라면 당연히 자신을 지지해주거나 동의해주는 긍정적인 반응을 원하기 때문이다. 긍정적인 반응이야말로 관계에서 불필요한 마찰을 줄이고, 좋은 관계를 유지하게 만든다.

긍정적인 반응이란 대화 상대방을 배려하고 공감하는 한편, 이를 통해 상대방을 존중하며 감사를 드러내는 행동이다. 언어나 비언어를 통해 전달할 수 있는 반응은 구체적으로 표현하면 할수록 그 효과가 커진다. 상대방에 대한 감사 표시로 특별한 음식을 준비하거나, 감동적인 편지를 건네거나, 다정한 문자 메시지를 남기는 것 같은 친절한 제스처나 포옹 같은 가벼운 터치로 심리적 친밀감을 강화할 수도 있다.

반응의 크기 또한 중요하다. 소위 리액션이 큰 사람이 있는가 하면, 무덤덤한 리액션으로 일관하는 사람도 있다. 물론 반응이 클수록 상대방이 좋아할 가능성도 크지만 상황에 맞지 않는 큰 반응은 오히려 분위기를 해칠 수 있으니 조심하자. 가령 주변에 많은 사람이 있을 때는 큰 목소리와 과장된 제스처보다 목소리를 낮추면서 시선이나 작은 동작만으로 대화를 이어가는 게 효과적일 수 있다. 또한 큰 반응을 좋아하지 않는 사람도 있기 마련이다. 따라서 일률적으로 반응의 크기를 정할 것이 아니라 상황이나 상대방에 따라 반응의 크기를 융통성 있게 조절하는 게 좋다.

반응에서 또 중요한 것은 타이밍이다. 상대방이 재미있는 농담을 던졌는데 1분 뒤에 반응을 하면 생뚱맞다는 핀잔을 듣지 않겠는가? 이처럼 반응이 즉각적이지 않고 시차가 벌어지면 대화 리듬이 끊겨 순조로운 진행이 힘들다.

진심이 담긴 반응과 이미지 관리 같은 의도적 목적이 있는 반응은 그 효과가 달랐다. 진실되게 반응하는 사람과의 관계는 시간이 지날수록 좋아졌지만, 의도를 가진 사람은 아무리 활발하게 반응해도 관계가 개선되지 않았다. '진정성 → 반응성 → 관계 개선'이라는 선순환 구조는 시간과 비례했다. 이러한 선순환 구조는 인간관계에서 역동적으로 일어났고 시간이 지남에 따라 더욱 강해졌다. 결과적으로 진정성에서 비롯된 반응성은 인간관계뿐만 아니라 사회적 지지를 끌어내는 데도 도움이 됐다.[8]

결론적으로 반응의 비법은 다섯 가지로 요약할 수 있다. 첫째, 지지와 비판 중 지지가 좋은 결과를 가져온다. 남들이 다 '좋아요' 하는데 자기만 '싫어요' 하는 것은 관계를 청산하겠다는 뜻이다. 따라서 이왕 반응하겠다고 마음먹은 것 투자 효과를 극대화하기 위해 부정적 반응보다는 긍정적 반응을 보여라.

둘째, 반응 강도의 문제다. 같은 인사라도 크게 하는 편이 더 좋은 인상을 얻을 수 있다. 마찬가지로 반응할 때 미지근한 반응보다는 화끈한 반응이 효과적이다.

셋째, 반응을 할 때 가능하면 상대방을 미러링 하라. 과학자들은 인간이 만물의 영장이 된 것이 바로 상대방을 모방하는 능력, 그것도 과도한 모방 능력 때문이라는 증거를 제시하고 있다. 대화 도중 상대방 말이나 제스처 등을 미러링 하면 상대방과 자신과의 유사성이 강조되어 보다 친밀해질 수 있다.

넷째, 반응도 때와 장소가 있다. 뒤늦은 반응이나 너무 빠른 반응은 상대방을 맥빠지게 한다. 따라서 적절한 시점에 반응해야 효과를 극대화할 수 있다. 마지막으로 추임새를 넣어라. 몸짓 언어뿐만 아니라 "잘했어", "대박" 같은 추임새를 넣으면 반응의 효과는 배가 된다.

대화하는 동안 적절한 반응과 함께 상대방에게 계속 몰입하고 있다는 시그널을 보내는 것 역시 빼놓을 수 없다. 보통 대화 과정에서 서로 상대방의 몰입 여부를 계속 확인하면서 대화를 끌고 가기 때문에 몰입 시그널이냐 비몰입 시그널이냐에 따라 대화의 전개가 달라지고, 이에 따라 상대방에 대한 평가는 물론 관계도 달라진다.

과학자들은 몰입과 비몰입 시그널은 사회적 지위, 부 등에 따라 달라진다고 말한다. 상대적으로 지위가 높거나 부가 많은 사람은 주로 몰입 시그널보다 비몰입 시그널을 보낸다.

몰입 시그널	비몰입 시그널
고개 끄덕이기	고개 가로젓기
눈 맞추기	머리 만지작거리기
눈 크게 뜨기	주변 물건 만지기
가까이 다가서기	낙서하기
앞으로 몸 기울이기	팔짱 끼기
메모나 질문하기	어깨 으쓱하기

말주변이 없어도
호감을 사는 사람들의 비밀

비언어적 수단인 반응은
'최소 비용 최대 효과'라는 경제원칙에
가장 부합하는 대화 기법이다.

4장

호감을 사는
세 번째 비밀

미러링

몸이 하나가 되면
마음도 하나가 된다

동체同體면 일심一心이다. 행동, 언어, 태도, 패션 스타일, 사용하는 상품이 같으면 마음도 하나가 된다. 미러링은 상대방의 언어나 비언어의 일부 또는 전부를 거울 속에 비친 것처럼 그대로 따라 하는 것을 이르는 용어다.

눈에 보이지 않는 마음을 하나로 합친다는 건 굉장히 이루기 힘든 일이지만, 상대방을 따라 하는 동체는 약간의 노력만으로 비교적 쉽게 이룰 수 있다. 그러니 일심보다 동체가 투자 대비 효과가 크다.

상대방 감정이나 기분을 미러링 하는 것도 중요하다. 상대방이 유쾌한 기분일 때는 유쾌하게, 상대방이 울적해할 때는 같이 슬퍼하며 상대방과 기분을 맞추는 식이다. 누군가가 상을 당해 슬퍼할 때는 목소리를 낮추고 상대방의 슬픈 표정을 최대한 모방하는 것이 인지상정이다. 반대로 상대방이 면접에 합격해 기뻐할 때는 최대한 반기는 목소리로 축하하며 밝은 표정을 따라 해 분위기를 띄우려 한다. 만약 상대방이 기뻐할 때 슬퍼하고, 슬퍼할 때 기뻐한다면 어떻게 될까? 당연히 대화는 어긋나고 그와의 관계도 지속되기 힘들 것이다.

우리는 상대방이나 상황에 따라 카멜레온처럼 변신해 상대방과 동체가 되려고 한다. 카멜레온은 그저 몸 색깔을 바꾸는 데 그치지만, 인간은 얼굴 표정은 물론 언어, 제스처, 패션 같은 수많은 부분에서 변화를 시도해 상대방과 동체가 되려고 애쓴다. 인간이란 이처럼 미러링을 통해 상대방에게 자신을 맞추는 존재라고 할 수 있다. 최근에는 상대방의 SNS를 미리 염탐해 미러링을 준비하기도 한다.

미러링은 연인이나 부부 관계를 예측할 수 있는 강력한 지표가 되기도 한다. 젊은 연인은 변하지 않는 사랑을 위해 커플 반지를 나눠 끼고, 커플 룩을 입는 등 동체에 집착한다. 연인이나 가족끼리 휴대전화 번호 뒷자리를 맞추는 것도 동체의 한 형태라고 할 수 있다.

의식적으로 몸을 변화시켜 닮아간다면 마음까지 하나가 될 수 있을까? 자연스러운 동체이든 의도적인 동체이든 한마음이 될 수 있다. 이러한 이유로 연인이나 부부 관계를 개선하는 가장 강력한 방법으로 미러링이 꼽히는 것이다.

그 사람은
날 좋아할까

상대방이 날 좋아하는지 아닌지 쉽게 알 수 있는 방법이 있다. 그가 날 따라 하는지, 닮아가는지 확인해보는 것이다. 사랑에 빠진 사람은 그렇지 않은 사람에 비해 무의식적으로 상대방을 따라 하는 경향이 강했다. 연인끼리 걷는 속도를 맞추는 것도 사랑의 또 다른 표현이 될 수 있다. 남성과 여성은 다리 길이나 보폭이 다르기 때문에 보행 속도가 다를 수밖에 없다. 하지만 함께 걷는 이성이 매력적일수록 남성은 상대 여성과 속도를 맞추는 경향이 강했다. 따라서 상대 남성이 걷는 속도로 나를 어떻게 생각하는지 추리하는 것도 가능하다. 물론 결혼 생활을 오래 한 부부의 경우 남편이 앞서고 아내가 뒤따라가기도 하지만 젊은 연인은 다르다.

연인 관계가 지속되다 보면 보통 음식, 음악, 영화, 정치 취향이 비슷해진다. 생선회는 전혀 먹지 않던 사람이 생선회를 즐겨 먹는 연인을 만나고 난 뒤 식성이 완전히 바뀐다거나 클래식만 듣던 여성이 록을 좋아하는 남성을 만나 함께 록 페스티발을 찾기도 한다. 같은 교회나 절을 다니거나 동호회에서 만나 결혼에 이르는 이들도 허다하다. 연인은 이처럼 일심동체보다는 동체일심, 즉 몸을 하나로 한 뒤 마음을 하나로 하는 순서를 밟는다.

미러링은 이성 관계에서 매우 중요한 시그널이다. 관계가 좋을 경우 여러 몸짓 언어 중에서도 남녀 모두 미러링을 가장 활발하게 하고 있다는 것이 밝혀졌다. 이처럼 상대방을 따라 하는 미러링은 호감의 표현이자 관계 구축의 강한 시그널이다. 호르몬 분비가 이러한 논리를 정확히 뒷받침한다. 조사 결과 미러링을 할 때 스트레스 호르몬인 코르티솔이 적게, 미러링이 활발해질수록 사랑 호르몬인 옥시토신이 많이 분비됐다.

미러링은 관계의 거리를 드러낸다. 상대방을 따라 하는 건 상대방과 심리적으로 가까워지고 싶다는 의사 표현이지만, 상대방을 따라 하지 않는 것은 상대방을 멀리하고 싶다는 의사 표현이 된다.

나에 대한 상대방의 마음을 알 수 있는 또 다른 방법이 있다. 바로 하품이다. 보통 하품은 졸리거나 피곤할 때 나오지만 모르는 사람 사이에서는 하품이 잘 퍼지지 않는다. 또 남성에 비해 공감력이 뛰어난 여성들 간에 하품이 더욱 잘 퍼진다. 하품을 할 때 주변을 잘 살펴보라. 하품을 따라 한 사람이 당신에게 좋은 감정을 가지고 있을지 모른다. 물론 하품 하나만으로 추리하다간 실수할 가능성이 크지만 다른 요인까지 함께 고려하면 정확성을 높일 수 있을 것이다.

일상에서도 자신에 대한 상대방의 호불호를 짐작할 수 있는 방법이 있다. 헬스클럽에서 러닝 머신을 뛸 때 옆에서 운동하는 사람이 당신과 보조를 맞춘다면 그가 당신에게 호감을 느끼고 있다고 짐작해도 좋다. 친한 친구나 호감 가는 사람이 입고 있는 옷과 비슷한 옷을 사서 입는 것, 가만히 있다가도 호감 가는 여성이 립스틱을 꺼내 바르면 자신도 꺼내 바르는 것도 동체의 예다. 업무 능력이 뛰어난 회사 선배가 사용하는 펜을 사서 쓰거나, 그 사람이 책상에 앉아 업무를 시작하면 따라서 일을 시작하는 것도 선배에게 호감을 느끼기 때문이다.

이를 전략적으로 활용할 수도 있다. 중요한 협상이나 데이트가 있을 때, 미리 상대방이 사용하는 향수가 무엇인지 알아내 의도적으로 뿌리고 나간다면 성공할 가능성이 커진다. 처음 본 사람이지만 그가 마음에 든다면, 같은 음식을 주문하고 먹는 방법과 순서를 똑같이 따라 하라. 그가 당신을 친밀하게 느껴 마음을 얻을 수 있다. 좋아하는 친구나 연인과 똑같은 취미 생활을 함으로써 시간과 추억을 공유하는 것도 마음을 모으는 데 도움이 된다.

만약 연인의 마음이 변한 것처럼 느껴진다면 당신과 떨어져 있을 때도 당신을 생각하게끔 만들 수 있다. 데이트를 마치고 헤어질 때 당신이 자주 쓰는 핸드크림을 연인에게 발라주자. 당신이 곁에 없어도 크림에서 나는 향기를 맡으며 당신을 연상하게 될 것이다. 이 밖에도 스마트폰 바탕 화면을 커플 사진으로 바꾸는 것, 커플 룩이나 반지 등을 맞추는 것도 자신이 각인되게 하는 미러링의 방법이 될 수 있다.

가까워지고 싶다면,
따라 하라

SNS에서 팔로잉은 어떻게 이뤄질까? 영화나 음악 같은 관심사가 비슷할 때 친구가 될 가능성이 크다. 실제 페이스북 통계에 따르면, 록이나 클래식 재즈를 좋아하는 사람은 쉽게 친구가 됐다.

미러링이 관계의 지표라는 사실은 기숙사 룸메이트와의 관계 변화에서 알 수 있다. 보통은 생전 처음 본 누군가와 기숙사에서 방을 함께 사용하게 되는데, 낯설고 어색하고 불편했던 룸메이트에 대한 감정이 시간이 지남에 따라 변화하기 시작한다. 바로 감정 전염이 일어나는 것이다. 감정 전염이 잘 이루어지면 시간이 갈수록 관계가 좋아지고, 관계가 지속될 확률도 높아진다.

말주변이 없어도
호감을 사는 사람들의 비밀

감정 전염이 일어나지 않으면 당연히 관계가 좋아질 수 없다.

교사와 학생의 동작과 행동에서도 관계의 호불호를 짐작할 수 있다. 동작 미러링이 많을수록 사제 관계가 더욱 돈독한 것으로 드러났다. 학생들은 대개 인기 있고 좋아하는 교사의 말투를 흉내 내거나 따라 하며 호감을 표현했다. 특정 배우나 가수의 패러디물이 많을수록 인기가 많다고 볼 수 있는 것도 이 때문이다.

호감을 갖고 있는 사람이 싫어하는 것에 동조하는 행위도 동체의 구체적 표현으로 볼 수 있다. 드라마나 영화를 볼 때도 마찬가지다. 상대방이 시청하고 있는 드라마의 등장 인물 중 누군가가 유독 싫다고 할 때, 자신도 정말 그 사람이 싫다고 맞장구를 쳐주면 마음을 모을 수 있다. 상대방이 응원하는 스포츠 팀을 좋아하고 함께 응원하는 것도 같은 효과를 낼 수 있다. 만약 레알 마드리드 팀을 좋아하는 상대방과 대화할 때, 그 팀의 최근 경기 이야기를 꺼내 팀플레이를 칭찬한다면 상대방도 신이 나서 이야기를 보태며 당신과 마음을 합치게 될 것이다. 만약 마음에 드는 이성이 있다면, 상대방이 좋아하는 스타, 장소, 드라마, 영화와 관련된 사진을 메신저 프로필 사진으로 바꿔보자. 그렇게 하면 상대방과 대화도 쉽게 틀 수 있고, 친밀감도 만들 수 있을 것이다.

미러링과 관련해 재미있는 조사 결과가 있다. 자동차를 운전할 때 같은 차종을 운전하는 사람끼리 암묵적으로 서로 양보하는 경향이 강하다는 것이다. 왜 같은 차종을 운전하는 사람끼리 동호회를 구성해 여행하는지 알 수 있는 대목이다.

인간은 미러링을 통해 상대방의 마음을 얻을 수 있다. 누가 누구를 미러링 하느냐도 주의 깊게 살펴볼 필요가 있다. 미러링의 방향이 신체적 매력, 사회적 지위, 성, 기분 등에 따라 달라지기 때문이다. 우선 매력적인 이성을 미러링 하는 것은 남녀노소 차이가 없었다. 다만 사회적 지위가 낮은 사람이 높은 사람을 미러링 하는 경향이 있었고, 여성보다는 남성이 여성을 미러링 하는 경우가 많았다. 누가 누구를 미러링 하느냐에 따라 관계의 방향을 짐작할 수 있는 것이다. 또한 대부분 긍정적 기분을 미러링 했다.

동체일심은 개인 간의 친밀도를 뜻하는 라포르rapport 구축은 물론 협조, 친사회적 행동, 유대감, 많은 팁, 긍정적 협상 결과, 판매량 증대, 스트레스 호르몬 감소, 효과적인 언어 교육 등 다양한 효과를 가져왔다.

인간은 세상에 홀로 와서 홀로 살아가는 것 같지만 미러링을 통해 타인과 교감하고, 그 교감의 정도를 확인하며 살아간다.

미러링을 전담하는 '거울 신경'을 갖고 태어날 정도로 인간에게 미러링은 생존에 중요한 역할을 담당한다. 실제로 어떤 집단에서 따돌림을 받는 이들을 치유하기 위해 친밀도를 높이는 방법으로 미러링을 제시하기도 했다.

자연스럽게 표출된 '자연산 동체'가 상대방과 강력한 유대감을 선사하긴 하지만, 유대감 형성을 목적으로 유사성을 만들어내는 '인공 동체' 역시 효과가 있다. 미러링의 힘은 이처럼 막강하다. 그러니 당신과 거리를 두려고 하는 사람이 있다면 당장 그를 따라 해보라. 직장이나 모임에서 좋은 관계를 맺고 싶은 이가 있다면 그를 미러링 하라. 상대방이나 주변 사람의 호감을 얻는 법, 그 지름길이 미러링이다.

처음 만난 사람에게서
유사성을 발견하라

세상에서 제일 중요한 것은 학연, 지연, 혈연이라고들 한다. 우리 사회에서 해병대전우회, 호남향우회, 고대교우회를 3대 조직으로 꼽지만 일상생활에서 이는 그다지 중요하지 않다. 가장 중요한 것은 바로 상대방과의 유사성이다.

대화는 대본 없이 즉흥적으로 진행된다. 따라서 어떤 목적을 달성하기 위해 낯선 누군가를 만나 대화해야 하는 상황은 부담스러울 수밖에 없다. 오랜 친구와의 한담이라면 이미 그에 대한 정보를 어느 정도 알고, 함께 공유해온 시간들이 있어 많은 이야기들이 오갈 수 있지만 오늘 당장 처음 본 사람이라면 무슨 말부터 꺼내야 할지 몰라 당황스럽다.

이때 긴장을 완화하고 상대방으로부터 호감을 얻을 수 있는 방법이 있다. 바로 상대방에게서 유사성을 발견하는 것이다. 아마 당신도 비슷한 경험을 했을 것이다. 상대방이 거주하는 지역이나 취미 등이 당신과 같다면, 어쩐지 친밀하고 가깝게 느껴지지 않는가? 고향이나 대학이 같거나 심지어 같은 곳에서 군 생활을 했다면 유대감까지 느껴진다.

유사성을 찾는 영역은 쉽게 드러나는 겉모습부터 시작해 취미 등으로 확대될 수 있다. 가령 같은 브랜드의 안경, 핸드백, 자동차를 가진 사람에게는 은근히 관심이 간다. 따라서 눈 깜짝할 사이에 상대방과 자신의 공통점을 찾는 훈련이 중요하다. 혼잣말로 '저 사람과 나는 이런 점이 비슷해' 하고 이미지 훈련을 하면 된다. 다음으로 공통점을 주변 사람에게 직접 표현한다. "내가 좋아하는 가방이네", "내가 타는 자동차야" 같은 식으로 말하는 것이다.

취향, 상품, 경험, 특성 등 다양한 속성의 유사성은 인간관계의 강력 접착제로, 자신과 상대방의 경계를 무너뜨리는 데 매우 효과적이다. 이처럼 인간에게는 아주 사소한 것이라도 상대방에게서 자신과 유사한 점을 찾아내 인연을 만들고 싶어 하는 심리가 있다.

나와 대화 상대방과의 유사성은 순조롭게 관계를 시작하는 것은 물론 관계를 오래 유지할 수 있는 비결이다. 대개 대화는 몸 대화와 돈 대화 속에서 드러나는 유사성을 발견한 후, 말 대화로 이를 확인해가는 순서로 이어진다. 과학자들은 대화할 때 드러나는 유사성을 미러링, 동기화, 모방이라고 부르는데 대화 도중 상대방의 보디랭귀지와 목소리, 말을 따라 하는 것도 대단히 효과적이라고 한다. 자연스러운 모방이 아닌 의도적인 따라 하기도 효과가 있다.

일반적으로 대화하면서 상대방의 감정에 전염되고 행동이나 표정이 비슷해진다. 만약 이야기를 하는 도중 당신이 다녀온 여행지를 상대방이 다녀왔다고 하거나 자신이 갖고 싶어 하는 자동차를 상대방도 좋아한다고 맞장구를 쳐준다면 대화가 양탄자를 깐 듯 순조롭게 진행될 것이다.

대화는 이처럼 '그대 그리고 나'를 '우리'로 바꾸는 과정이며, 미러링은 여기서 중요한 역할을 한다. 인간은 미러링을 통해 상대방과 깊은 교감을 나누고, 이러한 교감이 상대방과 자신을 한마음으로 묶어준다.

사실 미러링은 성격에 따라 그 정도가 결정되는데 외향적인 사람일수록 내성적인 사람에 비해 응시, 미소, 고개 끄덕이기 등의 몸짓 언어를 자주 취한다. 하지만 당신이 뚜렷한 목적을 가지고 누군가를 만나 원하는 결과를 얻고 싶다면 보다 적극적일 필요가 있다. 상대방 마음에 쏙 들 만한 아주 특별한 말을 골라내 멋지게 표현하는 것보다 상대방에게서 당신과의 유사점을 발견해 미러링을 하는 것이 좀 더 쉽지 않겠는가?

지금 당신 앞에 낯선 사람이 등장했다면, 그에게 호감을 얻어 좋은 관계를 지속해야 한다면 우선 그를 유심히 살펴보라.

작은 노력으로 시작하는
미러링

미러링은 관심에서 시작된다. 첫째, 보자마자 사소한 것에서부터 공통점을 찾아 대화를 하되 점차 다른 주제로 넓혀갈 것을 권한다. 특히 상대방이 자랑하고 싶어 하는 것을 재빨리 찾아내이를 강조하고 미러링 하면 빨리 가까워질 수 있다. 반응이 좋은 공통점을 자주 그리고 많이 미러링 하라. 하지만 지나치면 반감을 살 수 있으니 때로는 일부에 국한해 미러링 할 필요가 있다.

둘째, 상대방의 말투나 표현을 조금이라도 따라 하면 좋다. 서울에 산다고 고향 친구들 앞에서도 서울말을 쓰면 거리감만 주게 된다. 따라서 상대방과의 거리감을 없애고 친밀감을 불어넣으려면 상대방의 사투리, 말투, 말하는 속도, 제스처 등 모든 것을 따라 하는 것이 필요하다. 심지어 범인을 신문할 때도 상대방 어투를 따라 하면 자백율이 높아진다는 연구 결과도 있다.

셋째, 질문법을 사용하고, 특히 미러링 질문을 하라. "아침 식사로 무엇을 드셨어요?"라는 질문에 "달걀과 과일을 먹었습니다. 당신은 무엇을 드셨어요?"라는 식으로 질문을 이어가는 것이다. 상대방의 말을 먼저 반복하면서 추가 질문을 던지면 더욱 효과적이다.

5장

호감을 사는
네 번째 비밀

시선

눈길을 주면
상대방과 연결된다

눈은 내 마음과 상대방 마음을 통하게 하는 '눈길'을 놓는다. 여기서 눈길은 상대방과의 연결과 차단의 의미를 동시에 지닌다. 눈길을 주면 상대방과 연결되지만 눈길을 돌리면 연결이 차단된다. 눈으로 보는 순간 상대방은 자신의 뇌에 생중계되고, 기억 창고에 녹화되지만 보지 않으면 모든 것이 끝이다.

눈은 외부 정보의 입력 기관이면서 동시에 마음을 드러내는 출력 기관이다. 눈은 외부 환경에 대한 정보를 뇌에 전달하는데, 처리해야 하는 정보의 양이 어마어마하다. 뇌의 50%가 시각 정보를 처리하는 데 매달리고 감각 수용체의 70%가 눈에 집중돼 있다. 눈은 감각기관 중에서도 이처럼 업무량이 많아 휴식이 필요하다. 그래서 잠자는 동안에도 경계를 늦추지 않는 귀와 달리 눈은 온전한 휴식을 청하는 것이다.

눈은 외부 환경에 대한 자신의 감정이나 평가를 표현하는 마음의 창이라는 점에서 다른 감각기관과 다르다. 사람들이 대화 중 상대방의 얼굴을 볼 때 눈(43.4%)과 입 주위(12.6%)에 집중하는 것도 눈이 상대방에 대한 감정이나 평가를 드러내기 때문이다.[9]

인간의 감각기관 중 직접적으로 마음을 드러낼 수 있는 건 눈뿐이다. 눈은 응시 방향과 그 크기를 조작해 다양한 감정을 표현할 수 있다. 관심 있는 것에 대해서는 눈길을 그쪽으로 돌리거나 눈을 크게 뜨는 방식으로 표현하며, 혐오스러운 것에 대해서는 눈을 다른 데로 돌리거나 가늘게 뜨는 방식으로 표현한다. 눈물을 통해서도 감정을 표현할 수 있다.

응시는 상대방에 대한 관심, 호감, 협조 등을 드러낸다. 주목한다는 것은 정보를 더 많이, 더 자세히 처리하고 싶다는 증거다. 이 때문에 상대방에게 호감을 느끼면 계속 응시하게 되고, 응시는 호감을 더 키우는 연쇄 효과를 가져온다. 남의 시선을 즐기는 것도 이 때문이다. 소위 '눈이 맞다'라는 표현은 시선이 서로에 대한 감정 유발의 시발점임을 의미한다.

상대방, 특히 아이와 눈을 맞추면 뇌파가 서로 동기화되면서 소통을 더 잘하게 돼 공감대가 확대되고, 더 잘 기억하게 된다. 특히 인지 자원의 집중으로 다른 곳에 한눈팔 확률이 낮아진다. 눈길은 에너지를 집중하겠다는 의지의 표현이기 때문이다.

우리는 서로 바라보기보다 말다툼하는 데 많은 시간을 보낸다. 3분만 서로의 눈을 바라보라. 그러면 함께한 추억이 떠올라 사랑을 되찾게 될지도 모른다.

눈이 모든 것을
말해준다

사람들은 가수들의 경연을 무엇으로 평가할까? 좌중을 사로잡는 천상의 목소리? 표현력과 쇼맨십? 과학자들은 가수 경연 프로그램을 보고 순위를 추측하는 실험을 진행했다. 한 집단에는 영상 없이 목소리만 들려줬다. 다른 집단에는 소리 없이 노래하는 모습만 보여줬다. 마지막 집단에는 가수의 목소리가 포함된 영상을 보여줬다. 이를 토대로 경연에서 가장 높은 점수를 얻은 가수가 누구인지 예측하게 했더니 놀라운 결과가 나왔다. 순위를 가장 정확하게 알아맞힌 건 소리가 없는 영상을 본 집단이었다. 시각이 청각을 압도한 것이다. 가수에겐 목소리가 가장 중요할 거란 일반적인 선입견을 여지없이 무너뜨린 결과였다.

우리는 눈을 통해 상대방을 평가한다. 계속해서 누군가를 응시하다 보면 상대방에 대한 호감이 커진다. 상대방에 대한 노출 시간이 길어질수록 호감도가 올라간다는 연구 결과도 있다. 시각적인 노출이 호감이나 친밀감을 가져온다는 것이다. 미각이나 후각도 중추 감각기관인 눈을 활용한다. 우리는 음식만 보고도 입맛을 다시며, 냄새만 맡고도 어떤 요리인지 알아맞힌다. 시각 정보는 청각, 촉각, 후각 등 다른 감각기관을 통해 수집된 정보를 압도한다. 시각이야말로 감각의 왕인 셈이다.

시선으로 우리는 누군가에 대한 호감도를 짐작할 수 있다. 보통 오래 응시하는 쪽을 더 좋아한다. 가령 두 사람의 얼굴을 보여준 뒤 어느 쪽이 더 매력적인지 선택하게 하거나, 두 가지 음식 사진을 보여주며 둘 중 하나를 선택하게 하는 식으로 질문을 던졌을 때 사람들은 더 오래 본 쪽을 선택했다. 사람들은 좋아하는 것을 더 오래 보며, 슬픈 표정보다는 행복한 표정을 오래 보는 경향이 있다. 과학자들은 이런 성향이 유전자(CNR1 유전자 변이체)의 영향을 받은 것이라고 밝혔다.

미남이나 미녀가 곁에 있으면 쾌감 호르몬인 도파민이 분비된다. 하지만 상대방 눈길이 다른 곳을 향하게 되면 쾌감 호르몬 대신 질투나 시기심이 일어나 스트레스 호르몬이 분비된다.

이처럼 눈길은 쾌감의 스위치 역할까지 한다.

이성이 상대방의 신체 부위 중 어디를 응시하는지에 따라 그가 상대방에게 어떤 마음을 품고 있는지도 알 수 있다. 시선 추적eye-tracking 장비를 활용한 연구에서 이성에 대한 눈길은 사랑과 성욕을 구분하는 지표로 역할한다. 상대방에게 성욕을 느낄 때는 이성의 몸과 얼굴을 응시하는 시간이 거의 비슷하지만, 사랑을 느낄 때는 몸보다 얼굴을 보는 데 다섯 배 많은 시간을 투자했다. 이런 눈길 패턴은 남성뿐만 아니라 여성의 경우에도 마찬가지였다. 특이한 것은 여성이 다른 여성을 볼 때는 사랑이나 성욕과 무관하게 눈이나 얼굴보다는 몸을 많이 봤다.

심지어 상대방과의 관계 설정, 즉 상대방을 친구로 보느냐 연인으로 보느냐에 따라 눈의 움직임도 달라진다. 이성을 친구보다는 연애 상대로 생각할 때는 머리와 가슴께를 더 오래 그리고 더 자주 주목했다. 하지만 상대 이성을 연애 상대보다 친구로 생각할 때는 무릎이나 다리에 더욱 자주 눈길을 줬다. 시선이 얼굴을 향하느냐 아니면 몸을 훑느냐에 따라 그 속마음이 드러나는 셈이다.

자기소개서를 읽을 때 지원자 성별에 따라 사람들의 시선이 가는 곳도 달라진다. 남성이 제출한 자기소개서를 읽을 때는 주로 글로 된 경력 사항에 눈길이 가지만, 여성이 작성한 자기소개서를 볼 때는 얼굴 사진에 눈길이 간다. 이처럼 눈길은 사람들이 주로 어디에 관심이 있는지를 말해준다.

눈을 봐야
감정이 움직인다

군대에 가면 교관들이 선글라스를 끼고 있다. 왜 그럴까? 만일 교관들이 선글라스를 착용하지 않고 훈련을 시킨다면 어떤 결과를 불러올까? 힘들어하는 훈련병을 지켜보다 공감으로 마음이 흔들리고, 훈련병은 그 틈을 파고들지 모른다. 이처럼 교관이 선글라스를 끼는 것은 시선을 피해 상대방과 교감하지 않고 원칙대로 하겠다는 뜻이다. 선글라스를 낌으로써 상대방과의 교감을 거부하는 것이다. 눈을 보면 마음이 약해진다. 세일즈맨이 고객과 눈을 맞추려 하는 것도 눈을 마주쳐야 설득이 쉽기 때문이다.

지위가 높은 사람은 낮은 사람과 눈을 맞추려 하지 않는다.

패션모델도 관객과 눈을 맞추려 하지 않는다. 눈을 맞추는 순간 냉정함이나 침착함이 무너지기 때문이다. 교사나 부모가 학생을 혼내려 할 때 눈을 맞추면 이미 훈계는 끝난다. 반대로 눈을 맞춘다는 것은 공감대를 확대하려는 뜻이기도 하다.

감정 교류의 시작은 눈이다. 눈으로 보는 순간 관심과 욕구가 생긴다. 견물생심이라고 좋은 물건을 보면 욕심이 생기게 마련이다. 모든 것은 눈에서 시작된다. 보지 않으면 마음도 멀어진다. 해외에서 일어난 수많은 비극 그것도 우리와 아무런 상관없는 사건, 가령 동굴 안에 2주 넘게 갇혀 있다 구조된 태국 축구팀 소년들이 구조되는 소식에 반응하는 것도 눈으로 그들의 고통을 보기 때문이다. TV를 통해 그들과 가족의 고통, 그리고 구조 과정을 눈으로 볼 수 있는 것이 가장 큰 이유다. 우리와 그들의 곤경을 비교하고 그들에게 공감하기 때문이다. 여기에 사건을 단순 명료한 비극으로 모는 언어의 중요성이 가미돼 이런 상황을 일으킨 것이다. 2015년 탈출 도중 숨져 터키 해변에 밀려온 세 살배기 시리아 아이 아일란 쿠르디Alan Kurdi의 사진은 유럽 국가가 난민 입국을 허용하게 만든 계기가 됐다.

이처럼 눈은 상대방과 자신을 연결하는 첫 단추다. 우리는 상대방의 눈에서 많은 것을 알아내며 그 눈빛에 현혹돼 마음을 뺏기기도 한다. 그리고 대화할 때 계속해서 눈의 방향이나 크기를 바꿔 속마음을 표현한다. 눈의 방향이나 크기는 그 사람의 관심사, 감정, 행동 변화 등 많은 것을 예측할 수 있는 지표가 된다.

'눈 표정'이 따로 있다고 할 정도로 눈은 대화에서 중요한 역할을 담당한다. 인간은 눈웃음으로 상대방을 유혹할 수도 있고, 눈을 깜박이며 궁금증을 표거나 눈을 부릅떠 불만을 내비치도 한다. 눈을 돌림으로써 혐오나 관심 없음을 표현하고, 눈 맞춤으로 신뢰를 드러내기도 한다. 눈 굴리기eye roll로 상대방을 믿지 않고, 인정하지 않으며, 분노한다는 것을 표현할 수도 있다. 눈 굴리기는 머리 가로젓기와 의미가 유사하다. 윙크로 사랑을 표현하기도 한다. 상대방을 설득하기 위해 눈물을 무기로 사용하는 경우도 있다.

눈을 크게 뜨는 것과 가늘게 뜨는 것에는 분명한 차이가 있다. 대개 인간은 놀랍거나 관심이 쏠리는 것에는 눈을 크게 뜨며, 혐오감이 들거나 피하고 싶은 것을 보면 눈을 가늘게 뜨는 경향이 있다. 동공 크기 또한 눈 표정을 결정한다. 동공은 보통 지름 3~4mm 크기지만, 어둠 속에서는 5~9mm로 커진다. 동공 확대나 축소는 망막을 통과하는 빛의 양을 조절하는 것으로, 주변 정보를 더 많이 수용해 처리하려는 의도에 영향을 받는다. 즉, 동공이 확대되는 것은 대상에 관해 관심이 있으므로 더 많은 정보를 알고 싶다는 의미다. 부엉이 눈이 좋은 예다. 골치 아픈 수학 문제를 풀기 위해 몰두하는 사람은 다른 외부 정보를 차단하기 위해 실눈을 뜨기도 한다. 이처럼 눈이나 동공 크기는 받아들이는 정보의 양과 비례하는 경향을 보인다.

동공 확대는 더 또렷이 보고 싶다는 본능적 표현이다. 신체적, 생리적 쾌감을 느낄 때 동공이 커지며, 이성을 볼 때 동공이 커지는 것은 성적 관심의 표현이다. 또한 엄마가 아이를 볼 때나 배고플 때 맛있어 보이는 음식을 보면 자동으로 동공이 커진다. 동공은 욕망과 욕구를 무의식적으로 표현하는 시그널이다. 따라서 동공의 크기 변화로도 상대방의 심리를 파악할 수 있다.

눈 맞춤의 룰:
3.2초

눈 표정의 핵심은 눈 맞춤이다. 상대방과 시선을 맞추는 것이 대화의 성패를 좌우한다. 과학자들은 눈을 마주치면 대화하는 두 사람의 같은 뇌 부위가 동기화된다는 사실을 밝혀냈다. 눈 맞춤이 대화 당사자의 특정 뇌 부위 활동을 동기화시켜 대화를 돕는 것이다. 상대방과 눈을 맞추면 눈 깜박임과 뇌 반응도 동기화된다. 나아가 같은 대상을 함께 보면 똑같은 뇌 반응이 일어나 서로 간의 유대감 형성에 도움이 된다.

　우리는 눈 맞춤으로 시선을 공유하고 공감한다. 눈을 마주치지 않고 인간관계를 좋게 하는 것은 불가능에 가깝다. 눈 맞춤은 '나는 당신에게 주목하고 있다'는 메시지를 보내는 것이나 마

126

찬가지이기 때문이다. 눈을 맞추면 유대감과 사랑의 호르몬인 옥시토신이 분비된다. 일면식이 전혀 없던 남녀가 2분 이상 눈을 마주친 뒤 서로에게 호감이 생기기도 한다. 반려견과 눈을 마주쳐도 옥시토신이 분비돼 유대감이 형성된다. 사랑하는 연인이 서로를 바라보는 모습엔 주체할 수 없는 사랑의 감정이 드러난다. 그러니 '눈에서 꿀이 떨어진다'라는 표현도 생긴 것이다.

눈 맞춤은 기본적인 대화 매너이기도 하다. 눈 맞춤을 피하는 것은 무관심을 드러낸다. 따라서 상대방에게 불쾌감을 줄 수 있으며, 눈 맞춤을 피하면 무언가를 숨기고 있거나 자신감 없는 사람으로 읽힐 수 있다. 또 신뢰할 수 없는 사람, 신경질적인 사람, 주변 상황을 잘 파악하지 못하는 눈치 없는 사람으로 간주되기도 한다. 한 실험 결과에 따르면 대화하는 동안 대략 10초 이상 눈 맞춤을 피할 경우 공격적이고, 진지하지 못하며, 공허한 사람이라는 인상을 준다고 한다.

갓난아이를 대상으로 한 조사에서도 눈 맞춤이 얼마나 중요한지 밝혀졌다. 갓난아이는 자신과 눈을 맞추지 않는 사람보다 눈을 맞추는 사람을 보길 좋아했다. 또한 시선을 피하는 사람보다 자신과 눈 맞춤을 하는 사람의 얼굴을 볼 때 아기의 뇌가 더욱 활성화됐다. 눈 맞춤을 피하는 것은 자폐증의 초기 징조라고 주장하는 연구도 있다.

눈 맞춤이 좋다고 해서 무조건 뚫어져라 상대방을 보는 것도 예의는 아니다. 상대방과 눈을 마주치는 시간은 어느 정도가 적당할까? 과학자들은 3.2초가 가장 무난하다고 말한다. 만일 상대방을 더욱 신뢰하거나 좋아할 때는 이보다 더 오래 눈을 맞춰도 상관없다. 연인이 서로 눈 맞춤을 오래 지속해도 지치지 않는 건 이 때문이다.

처음 보는 사람이라면 눈을 마주치는 게 다소 어색하겠지만 의도적으로라도 눈 맞춤을 위해 노력하라. 가능하면 시간은 3초 내외가 좋다. 너무 오랫동안 눈을 맞출 경우 상대방이 부담스러워하거나 오히려 잘못된 시그널로 해석해 오해가 생길 수 있다. 3초간 마주치고 쉬었다가 다시 3초간 눈을 마주치는 식으로 반복하는 것이 좋다.

물론 눈 맞춤을 피해야 할 때도 있다. 서로 갈등과 대립이 심할 때다. 이럴 때 상대방과 눈 맞춤을 피하는 건 이 갈등을 피하고 싶다는 의미로 해석될 수 있다. 반면 이러한 상황에서 서로의 눈을 계속 바라보며 눈싸움을 하면 상대방을 이기고 말겠다는 의사 표현으로 전달될 수 있다. 상대방이 계속 자신의 눈을 바라보며 잔뜩 화가 난 표정으로 눈싸움을 걸어오면 어떻겠는가? 싸우자는 뜻으로 해석해 자신 역시 공격적으로 변할 수밖에 없다.

단, 성별 간 차이도 있는데 여성끼리의 협상에서는 눈 맞춤이 서로에게 유리한 결과를 낳은 반면, 남성끼리의 협상에서는 눈 맞춤을 하지 않을 때 더 좋은 결과가 나왔다.

눈이 방황하면
인생이 방황한다

바쁜 의사는 환자가 아닌 모니터를 보면서 말하고, 만난 지 오래된 남자 친구는 게임을 하느라 눈길도 안 주고, 반가움을 표하는 부모에게 자녀는 눈도 맞추지 않고 자기 방으로 들어가기 바쁘고, 강의 중 학생들은 스마트폰에 눈이 팔려 강의에 집중하지 못하고…. 바야흐로 눈의 방황 시대다.

견물생심이라고 눈으로 보면 관심이나 욕망이 생기게 마련이다. 그런 눈이 방황하면 관심이나 욕망도 방황하게 된다. 공부하는 학생의 눈을 보면 공부를 잘하는지 아닌지 알 수 있다. 눈을 한곳에 두는 능력, 즉 진득하게 집중하는 능력을 눈이 말해주기 때문이다.

말주변이 없어도
호감을 사는 사람들의 비밀

공부나 업무를 할 때는 다른 감각기관에 비해 시각의 집중이 필요하다. 따라서 시선이 자주 바뀌며 이동하는 등 안정감이 느껴지지 않는 사람을 공부나 업무를 잘하지 못할 것으로 보는 것도 타당성 있는 예측이다. 실제 성적과 눈 맞춤, 구체적으로 눈 맞춤의 지속 시간과 시선 변화의 빈도는 지적 능력을 말해준다는 연구 결과도 있다. 이 때문에 눈이 방황하면 인생도 방황한다고 말할 수 있는 것이다.

우리 주변에는 눈을 방황케 하는 것들이 많다. 어지간해서는 스마트폰이나 게임에 무심하기 어렵다. 집중하는 감각기관은 코, 입, 귀, 손이 아니라 눈이 핵심이다. '한눈판다', '곁눈질한다'는 표현만 봐도 역시 눈에 초점이 있음을 알 수 있다.

병원에,가 의사를 만나면 의사는 모니터를 보고 데이터를 주절주절 읽는다. 모니터가 의사와 환자가 서로 바라볼 시간을 빼앗아 가는 것이다. 눈을 맞춰야 서로 신뢰하고 호감이 생기는데 눈을 피하니 신뢰가 떨어져 의사에 대한 소송도 늘고 있다는 연구가 나오고 있다. 이러한 이유로 의사는 환자가 함께 모니터를 보도록 유도한 뒤 중간중간 눈을 맞추며 이야기하고 듣기를 반복하라는 식의 눈 맞추기 교육도 받고 있다. 의사의 응시가 환자를 치료하는 또 다른 해결책인 셈이다.

친구나 연인과 대화할 때도 상대방을 보기보다는 각자 자신의 스마트폰을 보면서 산만하게 대화하는 이들이 많다. 연인끼리 대화할 때 각자의 스마트폰에 몰입하는 퍼빙phubbing은 관심이 시들었다는 증거로 이별의 전주곡이기도 하다. 실제 젊은 연인들 중 자신이 말을 걸 때 상대방이 게임만 하거나 스마트폰에 매달려 있다며 불만을 토로하는 경우도 많다. 심지어 헬스클럽 개인 트레이너가 자신을 가르치는 동안 스마트폰을 보는 것을 알고 그만뒀다는 일화도 여기에 해당한다.

스마트폰이나 컴퓨터는 눈을 방황하게 하는 데다 보통 시선이 아래로 향하게 해 눈 건강을 해치는 것은 물론 눈 크기를 줄이는 부작용을 일으킨다. 모니터를 살짝 높은 곳에 두고 틈틈이 눈을 치뜨고 내려다보고 힐끔힐끔하는 등 여러 방향으로 눈을 움직여야 눈 건강을 지킬 수 있다.

매력 있는 시선
만들기

무엇에 관심을 갖느냐는 자신이 결정하는 것이다. 게임에 관심을 갖느냐, 축구에 관심을 갖느냐는 인생의 일부를 구성한다. 따라서 무엇에 눈길을 주느냐는 결국 우리 인생을 좌우한다고 말할 수 있다. 사회생활이나 인간관계에서 눈이 차지하는 비중을 알았다면 이제 매력 있는 시선을 만들기 위해 노력해보자.

첫째, 눈에 감정을 장착해야 한다. 상대방을 볼 때 눈을 통해 감정을 전달하는 것이 중요하다. 정성을 다해 볼 수도 있고 대충 볼 수도 있다. 관심의 강도를 표현하는 데 가장 강력한 수단이 바로 눈이다. 다정다감한 눈, 무관심한 눈, 몰입하는 눈 등 눈에 감정과 에너지를 실어 전달할 수 있다. 상대방과 대화할 때 눈길을 계속 주면서 반응을 더하면 효과적인 커뮤니케이션이 가능하다.

둘째, 눈이 정착할 곳을 결정해야 한다. 좋아하는 게임을 즐기거나 영화를 볼 때 몰입해 있다는 증거는 바로 눈의 움직임이다. 뚫어질 듯이 고정돼 있기 때문이다. 눈이 방황한다는 것은 바로 정착할 곳을 찾지 못했다는 신호이자 심리를 잘 관리하지 못하고 있다는 증거이기도 하다. 따라서 무엇인가를 꾸준히 관찰할 수 있는 안정성을 기르는 것이 중요하다. 집중은 눈이 하는 것이다. 대화할 때는 다른 곳이 아닌 상대방과 눈 맞추기를 최우선으로 해야 한다. 책을 볼 때도 마찬가지다.

셋째, 상대방을 볼 때 시선의 강도, 응시량, 응시 빈도, 그리고 응시 지속도를 조절해야 한다. 시선의 강도란 상대방을 볼 때 부드러운 시선인지, 강렬하게 보는 것인지를 의미한다. 상대방이나 상황에 따라 이를 조절할 수 있는 훈련이 필요하다. 다음으로 응시량은 응시를 어느 정도 하느냐는 문제로, 지정된 시간에 시선을 얼마나 주는가에 달려 있다. 응시 빈도는 친밀한 관계에서는 문제가 되지 않지만 모르는 사람을 응시할 때는 문제가 될 수 있다. 또한 상대를 너무 빤히 오래 보게 되면 서로 머쓱한 기분이 들 수 있기에 3.2초 룰을 기억해야 한다.

넷째, 눈 크기를 줄일 수 있는 행동을 피해야 한다. 가능하면 모니터를 눈보다 높은 위치에 두고 보라. 얼짱 각도를 떠올리면 쉬운데, 상대방을 볼 때 고개를 약간 숙이거나 눈을 위로 뜨면 젊어 보이고 눈도 커 보인다.

6장

호감을 사는
다섯 번째 비밀
목소리

목소리는 생각보다
많은 것을 말해준다

사람들은 상대방의 목소리를 통해 많은 것을 추리할 수 있다. 목소리만 듣고 자신감, 위압감, 매력, 리더십, 성공 가능성, 감정, 건강 상태 등을 추측할 수 있다. 부모는 통화 중 자녀의 목소리만 듣고도 아픈지, 나쁜 일이 있는지, 거짓말하는지를 귀신같이 알아맞히기도 한다.

실제 상대방의 성격이나 역량을 직접 알 수 있는 방법은 없기 때문에 사람들은 간접적인 단서를 통해 추리한다. 채용 시 인사 담당자가 자기소개서를 그냥 눈으로 읽을 때보다 지원자가 읽는 것을 듣도록 실험했을 때 지원자를 더욱 능력 있고, 사려 깊으며, 지적이라고 평가했다. 즉, 같은 내용에 목소리를 더한 것만으로 상대방에 대한 평가가 달라진다는 것이다. 이에 근거할 때 통화를 기피하고 문자를 선호하는 요즘의 현상은 재고해볼 여지가 있다.

광고에서 햄버거와 카메라를 광고할 때 내레이터의 목소리도 상품 평가에 영향을 미친다. 내레이터의 목소리가 중저음일 때 상품이 무겁고 클 것으로 기대하게 하는 반면, 고음일 때는 가볍고 작을 것으로 생각하게 한다. 따라서 햄버거 같은 음식을 광고할 때는 중저음의 목소리가 상품 판매에 도움이 된다.

감정이나 표정에 따라 목소리가 변하기도 하지만 역으로 목소리를 바꾸면 감정도 바뀐다. 이처럼 사람들은 목소리에 실린 감정이 달라지면 실제 감정도 달라지는, 즉 목소리로 기분을 전환하는 결과를 보였다.

목소리는 언어보다 강력하고 신속하게 감정을 전달한다. 사실 대화 내용을 통해 상대방의 감정을 알아내는 것은 목소리를 통해 감정을 식별하는 것보다 나중에 진화된 속성으로, 인간의 뇌는 여전히 목소리에 실린 감정을 식별하는 데 우위를 보인다. 사람들은 상대방의 목소리에 담긴 행복을 분노나 슬픔보다 더 신속하게 알아챘다. 흥미로운 점은 분노의 목소리는 다른 감정보다 더욱 오랫동안 뇌를 활성화한다는 것이다. 상대방이 어떤 감정인지 보다 정확하게 알고 싶으면 표정 대신 목소리에 더욱 신경 써야 한다.

목소리는 공포심과 관계가 있다. 밀림의 왕이라 꼽히는 사자는 인간이 들을 수 없는 영역대인 인프라사운드(20Hz 이하)를 내 공포감을 불어넣는다. 이 때문에 사람들이 사자나 호랑이와 같은 맹수와 마주치면 소리가 만들어내는 진동에 대부분 얼어붙게 된다. 영화 〈쥬라기 공원〉에서 인프라사운드를 활용해 관객의 공포감을 자극하는 것도 소리의 힘을 보여주는 좋은 증거다. 경찰은 시위대를 해산하기 위해 음향대포를 사용하기도 한다. 목소리를 포함한 소리는 음파가 상대방의 감각기관을 포함한 신체를 울려 소리로 전환되며, 이 과정에서 공포감을 불어넣는다.

테니스에서 서브를 넣을 때 괴성을 지르는 선수가 있다. 그렇다면 괴성이 승패에 어떤 영향을 미칠까? 테니스 스타 샤라포바가 서브를 넣으면서 괴성을 지르는 이른바 '그런팅grunting'은 상대방의 신경을 테니스공으로부터 소리가 나는 곳으로 분산시켜 게임을 유리하게 이끈다. 즉, 청각과 시각의 물리적 속성의 차이, 특히 시차를 활용한 것이다. 동시에 출발하더라도 10m 이내에서는 청각 정보가 먼저 인식되고, 10m 밖에서는 시각 정보가 빠르기 때문에 이 시차를 활용하면 승리에 도움이 된다고 한다.
이 때문에 그런팅에 대한 논란이 끊이지 않고 있다.

목소리가 낮을수록
연봉이 높다?

중저음 목소리가 남성의 사회생활에 유리한 속성이라는 데는 누구나 동의하고, 특히 목소리 피치pitch는 CEO의 성공을 좌우하기도 한다. 미국 792개 공기업 CEO의 목소리와 해당 기업의 각종 경영지표 간에는 흥미로운 관계가 발견된다. 해당 공기업 CEO의 중앙값은 목소리 피치 125.5Hz, 연봉 370만 달러, 나이 56세, 재직 기간 5년으로 조사됐다. 흥미로운 것은 목소리가 낮은 CEO일수록 규모가 큰 공기업을 경영하고, 연봉도 높았다. CEO의 목소리 피치가 21Hz 낮으면 경영하는 기업 규모는 440만 달러, 연봉은 18만 7,000달러 높은 것으로 나타났다. 또한 재직 기간도 151일 늘어난 것으로 조사됐다. 중저음 목소리를 가진

CEO는 목소리가 높은 CEO에 비해 상대적으로 규모가 큰 공기업을 경영하고, 연봉도 많으며, 재직 기간도 긴 것이다.[10]

중저음이 리더십, 능력, 설득력, 자신감, 신뢰도 등 긍정적인 속성과 연계돼 있다는 다른 연구 결과들도 CEO에게 중저음의 목소리가 유리하다는 것을 보여준다. 콘퍼런스콜을 할 때 녹음된 CEO의 목소리를 긍정적이냐 부정적이냐로 구분한 뒤 해당 기업의 미래 실적을 예측한 결과, 목소리는 정확한 예측을 하는 데 도움을 주는 것으로 나타났다.

목소리는 위압감이나 사회적 지위와 관련돼 있기에 정치인에게 특히 중요하다. 미국 유권자는 중저음의 대통령 후보가 성격이 좋다고 판단하고, 이들에게 투표하겠다고 말했다. 더욱이 전시 상황을 가정한 실험에서 중저음의 정치인은 용기 있는 사람으로 평가됐다. 이처럼 선거에서 사람들은 남성적인 목소리를 가진 지도자를 선택하고, 특히 전시 같은 위기 상황에서는 이러한 선호가 더욱 강해졌다.[11]

목소리가 선거에서 좋은 무기라는 것은 많은 연구를 통해 밝혀졌다. 나아가 목소리를 단서로 보수파가 좋아할 목소리인지, 아니면 진보파가 좋아할 목소리인지 예측할 수 있다. 보수주의자는 진보주의자보다 세상을 치열하고 위협적인 곳으로 생각하는 경향이 있는 까닭에 중저음의 목소리를 지닌 정치인을 선호한다는 연구 결과도 있다.

한편 목소리는 남녀에게 다르게 작용한다. "이번 11월 선거에서 저에게 투표해달라"는 말을 녹음한 뒤 이를 저음과 고음으로 조작해 목소리와 리더십 간의 관계를 분석했다. 남성과 여성에게 들려준 뒤 성격과 투표 의향을 물었더니 남녀 모두 후보자의 목소리가 저음일수록 유능하고, 강력한 지도력을 갖췄다고 평가했다. 투표 의향에 대해서도 남녀 모두 중저음의 정치인에게 투표하겠다는 비율이 고음의 정치인보다 많았다. 하지만 신뢰도 측면에서 여성은 중저음인 후보를 신뢰할 수 있다고 했지만, 남성은 신뢰할 수 없다고 평가했다.[12]

목소리 피치는 존경과 무시를 동시에 신호한다. 파이터는 자신이 상대방보다 우월하다고 느낄 때 목소리를 낮추지만, 상대방보다 열등하다고 느낄 때 목소리를 높이는 경향을 보인다. 즉, 낮은 목소리는 단호함, 높은 목소리는 존경을 표하는 시그널이다. 소위 '목소리를 깐다'는 표현이 들어맞는 셈으로, 목소리를 들으면 격투기 경기에서 승자와 패자를 어느 정도 짐작할 수 있다. 또한 스스로 위압적이지 못하다고 느끼는 사람이 위압적인 상대방 목소리에 더욱 민감하게 반응한다.

목소리는 듣는 사람은 물론 내는 사람에게도 영향을 미친다.

목소리 피치를 낮춰 특정 글을 읽도록 한 뒤 자신이 얼마나 영향력 있으며 추상적인 사고를 할 수 있는지를 평가하도록 했다. 그 결과 목소리 피치를 낮춘 사람은 자신을 더 영향력 있는 존재로 인식하고, 추상적인 사고를 하고 있다고 평가했다. 이처럼 목소리 변화는 상대방이 내리는 자신에 대한 평가는 물론 스스로가 내리는 자신에 대한 평가도 바꿨다.[13]

우리가 좋은 목소리에
반응하는 이유

목소리는 지위를 암시하는 대화 수단이다. 목소리는 지위와 직결되기 때문에 남녀 모두 목소리가 좋은 이성에게 민감하게 반응한다. 또한 좋은 목소리는 면역력이 높아 진화 과정에서 다양한 질병을 극복하고 살아남는 데 유리한 우성유전자다.[14] 좋은 목소리를 가진 사람이 사회생활에서 유리한 고지를 차지하는 경우가 많기에 목소리를 가꾸려는 노력도 이해할 만하다.

사람들은 매력적인 상대방과 대화할 때 달라진다. 남녀 모두 매력적인 이성 앞에서 자신도 모르게 목소리가 섹시하게 변했다. 즉, 목소리가 바뀌면 주변의 누군가에게 끌리고 있다고 생각하면 된다.[15]

말로는 사람을 속일 수 있지만 목소리 톤은 사람을 속일 수 없다. 실제 배우자 간의 대화를 듣고 관계가 지속될지 판단하는 근거로는 대화 내용이 아니라 말하는 방식이 유효했다. 컴퓨터로 녹음한 음성 파일의 피치, 강도, 불안감jitter, 진폭 변동률shimmer 등을 분석한 결과, 배우자와의 관계 악화나 성공, 이별 등을 79%의 정확도로 예측했다.

목소리는 사실 말의 내용보다 상대방을 강력하게 설득하는 요인으로 꼽히고 있다. 목소리는 선천적으로 타고난 것도 있지만 후천적인 훈련으로 바꿀 수 있다. 목소리 수술이나 훈련을 통해 가수가 된 사례는 목소리도 충분히 바꿀 수 있다는 것을 보여준다. 소리꾼이 오랜 수련을 거쳐 득음하듯 목소리 근육도 바꿀 수 있는 셈이다.

억양이 있는 영어에 비해 우리말은 리듬 없이 단조롭기 때문에 리듬을 가미한 목소리가 더욱 호소력을 얻을 수 있다. 이 때문에 대화하는 동안 목소리를 높이고 낮추면서 리듬을 넣어주면 효과는 배가될 수 있다. 감미로운 노래 가사를 단조로운 목소리로 읽는 것과 노래로 부르는 것을 비교해보라. 리듬 파워를 바로 체감할 수 있다.

사람을 좋아하는 데는 다 이유가 있다. "그냥 좋아한다"고 말하지만 거기에는 이유가 있다. 과학은 사람들이 '그냥'이라고 말하는 것을 조금씩 규명해가고 있다. 목소리도 지금까지 '그냥'의 영역에 머물렀으나 이제는 그 이유가 하나하나 밝혀지고 있다. 진화 과정에서 좋은 목소리는 우성유전자를 의미하기에 사람들이 좋은 목소리를 선호하는 것이다.

중저음이나 고음 같은 목소리 피치는 타고나지만 또렷하고 낭랑하면서도 리드미컬한 목소리는 훈련만 하면 누구나 가질 수 있다. 여기에 사람들이 싫어하는 콧소리나 쉰소리 또한 훈련으로 고칠 수 있다. 상황에 따라 매력적인 목소리도 달라지기 때문에 이에 맞게 목소리를 바꿔야 한다는 것 또한 잊지 말자.

목소리는 보이지 않는
무기다

목소리는 남성 호르몬인 테스토스테론 분비량과 관계가 있으며 얼굴 생김새, 키, 몸무게 같은 체구나 성격, 나이, 호르몬 등을 암시한다. 목소리가 낮을 경우 테스토스테론 분비량이 많고 체구가 클 것으로 기대돼 사회적 생존에서 유리한 사람으로 추정된다. 이에 비해 목소리가 높을 경우 테스토스테론 분비량이 적고 체구가 작을 것으로 여겨진다. 더욱이 남녀 차가 가장 큰 신체적 속성이 바로 목소리다.

목소리는 보이지 않는 무기다. 목소리는 체구를 암시해 위압감을 표현한다. 테스토스테론은 타자가 몰래 복용할 정도로 남성의 힘을 의미하며, 경쟁에서 승리를 의미하는 호르몬이다. 중저음의 목소리가 위압감을 주고 매력적인 것은 이 때문이다.

목소리는 상대방을 평가하는 기준의 하나로 대화 내용의 호소력까지 좌우한다. 사람들은 목소리가 좋다 나쁘다를 순간적으로 평가해 호감이나 반감을 보인다. 구체적으로 목소리는 여성보다 남성에게 중요한 속성이다. 남성은 청소년기에 변성기를 거치면서 중후한 목소리를 가진 어른으로 성장한다. 남성의 성도vocal tract와 성대주름vocal fold은 여성보다 각각 15%, 60% 더 길기 때문에 평균 목소리 피치는 남성(100Hz)과 여성(213Hz)이 다르다. 목소리는 나이, 건강, 그리고 생리 주기에 따라 미묘하게 변화한다. 또한 남성 목소리에 대한 이성의 선호도 여성의 생리 주기에 따라 달라진다.

앞서 설명했듯 목소리는 사회적 지위를 암시한다. 우선 여성은 중저음의 목소리를 가진 남성이 고음인 남성에 비해 지위가 높다고 생각한다. 놀랍게도 남성의 목소리는 여성의 기억력도 좌우한다. 여성은 중저음 남성이 말한 물건 이름은 많이 기억하지만(평균=84.7%), 고음인 남성이 말한 물건 이름은 상대적으로 덜 기억했다(평균=77.8%). 하지만 여성의 목소리는 목소리 고저에 상관없이 기억력에 아무런 차이를 가져오지 않았다. 또한 여성은 같은 남성이 목소리를 높일 때(평균=79.3%)보다 낮출 때

(평균=86.4%) 더 많은 물건의 이름을 기억했다.[16]

남성은 저음, 여성은 상대적으로 고음이 이성에게 매력 있는 목소리다. 다양한 목소리 속성 가운데 목소리를 매력 있게 만드는 것은 명료한 발음, 낮은 피치, 높은 공명성, 피치 폭이 핵심이다. 반면 단조로운 목소리, 쉰소리, 콧소리 등은 매력을 떨어뜨린다.

영화 〈해리포터〉 시리즈에서 스네이프 교수 역을 맡았던 앨런 릭먼은 그 특유의 목소리 때문에 관객에게 공포감을 불어넣기도 했지만, 동시에 관객을 매혹하기도 했다. 마찬가지로 〈셜록 홈스〉 시리즈로 세계적인 스타덤에 오른 베네딕트 컴버배치는 중저음의 목소리로 세계적인 인기를 누린다. 신의 목소리라 칭송받는 모건 프리먼의 목소리는 힐러리 클린턴의 선거 운동과 내비게이션의 안내 목소리로 활용돼기도 한다. 탤런트 김상중은 시사 프로그램 〈그것이 알고 싶다〉에서 보여주는 독특한 톤과 멘트로 자기만의 목소리 상표를 만들어냈다.

우리는 왜
전화 목소리를 바꿀까

전화 인터뷰는 목소리의 힘을 보여주는 좋은 사례다. 인터뷰 승낙을 얻는 비율도 목소리에 따라 달라진다. 목소리가 좋은 사람은 좋지 않은 사람보다 인터뷰에 성공할 확률이 높다. 또한 목소리만 들어도 그 사람이 자신 있는지 없는지 쉽게 알 수 있다. 실제 간단한 질문에 답하는 실험에서 빠르고 단호하게 답하는 편이 훨씬 자신 있는 목소리로 평가받았다. 최근에는 목소리를 통해 상대방이 자신을 속이려 하는지를 밝혀내는 방법도 소개되고 있다.

전화 목소리의 힘을 가장 잘 보여주는 이들은 텔레마케터다. 전화 목소리라도 미소를 지으며 내는 목소리와 그냥 내는 목소리는 다르다. 미소를 지으며 말하는 목소리는 더 행복하게 들린다. 목소리를 통해 수화기 너머 상대방의 감정을 감지하는 것이다. 편안하면서 협조적으로 들리는 목소리의 특성은 바로 생기에 있다. 목소리에 생기를 불어넣기 위해서는 미소를 짓거나 제스처를 쓰는 방법이 도움이 된다.

평소 목소리와 전화 목소리가 다른 사람도 많다. 실제 10명 가운데 4명이 전화할 때 목소리를 바꾼다. 상대방에게 좋은 인상을 주기 위해 전화 목소리를 바꾼다는 것이다. 레스토랑을 예약할 때 좋은 자리를 얻기 위해 목소리 톤을 바꾸는 사람도 3명 가운데 1명 꼴이었다.

전화 목소리는 모르는 사람에게만 사용하는 것이 아니라 친구나 친척, 심지어는 파트너에게 활용하기도 한다. 이처럼 사람들은 협상, 상담 등 다양한 상황에서 자신의 뜻을 관철하기 위해 조작된 전화 목소리를 사용한다.

남성은 매력적인 여성(평균=142.95Hz)에게 메시지를 남길 때는 매력 없는 여성(평균=145.25Hz)에게 메시지를 남길 때보다 목소리를 낮췄다. 여성도 매력적인 남성(평균=261.55Hz)에게 메시지를 남길 때는 매력 없는 남성(평균=271.59Hz)에게 메시지를 남길 때보다 목소리를 낮췄다.[17]

전화 목소리에서 중요한 또 다른 변수는 바로 미러링이다. 상대방이 말하는 속도가 느리면 자신도 느리게 말하고, 빠르면 빠르게 말하는 식으로 보조를 맞추면 자신이 원하는 것을 얻기 쉬워진다.

목소리
훈련법

학자들은 남녀를 가리지 않고 매력적인 목소리 비결을 크게 네 가지로 요약하고 있다. 첫째, 목소리의 고저에 상관없이 발음을 또렷하게 해야 신뢰성도 높아지고, 매력도 높아진다. 면접에서 발음이 부정확하거나 말을 더듬으면 능력이 부족하다는 인상을 줘 탈락의 빌미가 되기도 한다.

둘째, 리듬을 넣어야 한다. 우리말은 억양이 없어 매우 단조롭다. 이를 벗어나기 위해서는 노래하듯이 리듬을 넣어야 한다. 명료하게 발음하면서도 중요한 단어는 힘을 줘 말하고, 다른 단어는 보통의 목소리로 조율하는 리듬이 필요하다.

셋째, 자신의 목적에 따라 목소리를 조절해야 한다. 힘 있는 존재로 보이고 싶을 때는 중저음으로 목소리를 낮추고, 경쾌한 존재로 보이고 싶으면 고음을 내는 식이다. 설득이냐 감정 유발이냐에 따라 목소리를 조절해야 한다. 듣는 이의 감정을 흔들려면 목소리를 높이고, 상대방을 설득하려면 중저음을 내는 것이 효과적이다.

넷째, 가능하면 긍정적인 감정을 목소리에 실어라. 목소리는 술이나 음악처럼 분위기 메이커다. 따라서 사람들은 행복한 소리를 가까이하고 기분 나쁜 소리를 멀리한다. 과학자들은 어린아이의 웃음소리, 새 지저귀는 소리, 사랑한다는 말, 파도 소리, 음악이 사람들을 행복하게 하는 소리라고 말한다. 또한 대화할 때 행복한 감정으로 말하면 상대방의 기분도 좋아질 수 있다. 사람들이 가장 싫어하는 소리는 칠판 긁는 소리로 이는 모든 사람에게 불쾌감을 더한다.

위에서 소개한 방법 외에 기억해야 할 것이 하나 더 있다. 상대방이나 상황에 따라 목소리를 조절하는 보이스 핏fit 능력이다. 이른 아침에 맞는 음악이 있고, 저녁에 맞는 음악이 있듯이 목소리도 상황이나 상대방에 따라 바꿀 수 있어야 한다.

7장

호감을 사는
여섯 번째 비밀

터치

상대방을 움직이는
터치의 힘

터치는 인간관계에서 강력한 설득 수단이다. 터치를 가장 광범위하게 활용하는 곳은 서비스 분야다. 백화점, 항공사 같은 서비스 업체는 교육을 통해 터치 효과를 극대화하려 하고 있다. 세일즈맨은 검증된 터치 기법을 습득해 활용하고, 소비자는 자기도 모른 채 세일즈맨의 능숙한 터치 마법에 빠져 상품이나 서비스를 구매하게 된다.

선거 때 지나가는 유권자에게 미소 지으면서 "한 표 부탁합니다"라고 말로 인사하는 것보다 악수하거나 가볍게 터치하면서 인사할 때 차이가 크다는 정치인의 경험담도 터치의 힘을 실감케 한다. 터치 없이 말만 하는 것은 누구에게 부탁하는지 애매

하지만, 악수나 터치는 부탁의 대상을 분명하게 적시하기에 효과가 커질 수밖에 없다.

스치듯 물건을 터치하면 그 물건에 대한 평가는 어떻게 달라질까? 과학자들은 머그잔을 활용해 판매자와 구매자가 터치 여부에 따라 머그잔을 어떻게 평가하는지를 구체적인 가격으로 제시하게 했다. 머그잔을 1분간 터치하면서 살펴본 소비자는 터치하지 않은 소비자보다 가격을 0.71달러 더 높게 평가했다. 또한 터치하지 않은 판매자보다 터치한 판매자가 머그잔 가격을 0.90달러 더 높게 평가했다. 상품을 터치할 경우 소유 의식을 유발해 상품을 더 소중히 생각하게 된 것이다.

백화점에서 세일즈맨이 고객을 터치할 경우 상품을 더 많이 사지만, 다른 고객이 터치할 경우 불쾌감 때문에 자리를 떠난다. 하지만 터치하는 고객이 어떤 사람이냐에 따라 결과는 달라진다. 백화점이나 옷 가게에서 아주 매력적인 이성이 상품을 만지작거리고 있을 때 다른 고객은 같은 상품을 사고 싶어 할까 아니면 싫어할까? 실제 다른 사람이 좋아하면 덩달아 사고 싶어지는 것이 현실이다. 보통 사람보다 매력적인 사람이 터치한 상품을 어떻게 평가하는지 조사했더니 사람들은 매력적인 사람이 터치한 상품을 더욱 좋아했고 또 사려고 했다. 구체적으로 매력적인 사람이 터치한 상품(평균=4.69)을 보통 사람이 터치한 상품(평균=3.41)보다 훨씬 높게 평가하고 더 많은 돈을 치르고 구매하려 했다. 이 같은 후광효과는 동성보다 이성이 터치했을 때 더욱 크게 드러났다.[18]

화장품 가게, 미용실, 옷 가게, 마사지 숍, 네일 숍, 액세서리 가게에서는 존경과 사랑을 담은 터치가 매출을 좌우한다. 따라서 이러한 가게에서는 기회가 주어진다면 고객에게 터치하고, 점차 터치 영역을 넓혀야 한다. 화장품 가게에서 고객들에게 메이크업이나 손 마사지를 해주면 실제 구매로 이어져 매출이 늘어난다.

비행기를 탈 때 여행 만족도를 좌우하는 변수는 하드웨어와 소프트웨어로 구분할 수 있다. 하드웨어는 비행기나 기내식과 같은 유형물, 소프트웨어는 승무원이 제공하는 서비스 등을 말한다. 비행 중 승무원이 고객을 스치듯 터치할 경우 해당 항공사는 물론 승무원에 대한 평가가 크게 높아졌다. 구체적으로 "비상시에 승무원의 지시에 따를 것인가?" 또는 "여행할 때 승무원이 중요한가?"라는 질문에 대해 긍정적인 평가를 받았다.

백화점, 대형 마트, 재래시장에 가면 시음, 시식이 흔하다. 판매원이 거의 애걸복걸하는 수준이다. 지나가는 고객을 스치듯 터치할 경우 고객이 시음, 시식에 참여하거나 구매하는 비율이 터치하지 않을 때보다 훨씬 높았다. 구체적으로 터치하지 않을 때(10명 중 6명)보다 터치할 때(10명 중 8명) 시음, 시식을 많이 했다. 또한 터치하지 않을 때(10명 중 4명)보다 터치할 때(10명 중 6명) 시음, 시식한 상품을 더 많이 구매했다. 시음, 시식도 과학적 근거를 토대로 한 마케팅 기법인 셈이다.[19]

온라인 쇼핑으로 재래시장이나 백화점이 궁지에 몰려 쇠락의 길을 걷고 있다. 재래시장 상인들이 비책으로 들고 나온 것이 바로 터치다. 온라인 구매에서는 상품을 터치할 수 없기 때문이다. 한편 고객이 구체적인 연상을 하면서 상품을 터치할 때 구매율이 높아진다고 한다. 즉, 터치와 연상을 유도해야 효과가 커진다. 머그잔을 팔 때도 '집에 필요한 머그잔'이라는 추상적인 내용이 아니라 '사랑하는 남편이나 자녀와 마실 때 사용할 수 있는 머그잔'이라는 상황을 제시함으로써 터치하도록 유도하는 것이다.

서점에서 차도 마시고 동화책도 읽어주는 등 커뮤니티 문화가 발달한 서구와 달리 우리의 서점 문화는 그다지 발달하지 않았다. 서점에 오는 고객을 종업원이 가볍게 터치할 때 고객은 오래 쇼핑하고, 더 많은 책을 샀다. 특히 서점에 머물며 책을 살펴보는 시간이 터치하지 않을 때(13분)보다 터치할 때(22분) 거의 두

배로 뛰었다.[20] 터치는 서점에 대한 호감도까지 높였다. 책과 같은 문화 상품도 터치 기법이 통한다고 볼 수 있다.

심리적 장벽을 넘고 싶다면,
터치!

다른 몸짓 언어와 비교해 터치가 갖는 장점은 상대방과의 물리적 거리를 무너트릴 수 있는 유일한 근접 무기라는 점이다. 표정, 반응성, 미러링, 시선, 목소리, 자세는 물리적 거리에 그다지 구애받지 않지만, 터치는 물리적 거리가 중요한 장애물이다. 상대방과 1m 이내의 거리에 있을 때만 터치할 수 있기 때문이다. 물리적 거리는 심리적 거리를 의미하기에 물리적 장벽을 극복하면 심리적 장벽도 넘을 수 있다.

사람마다 자신이 선호하는 일정한 영역이 있고, 그 영역을 넘어섰을 때 침범이라고 해석한다. 개인 공간personal space은 개인이 자기 소유의 공간이라고 생각하는 영역으로, 상대방이 이곳을

말주변이 없어도
호감을 사는 사람들의 비밀

침범하면 불안, 걱정, 불만을 느끼게 된다. 심리학자들은 공간 영역을 친밀도에 따라 친밀한 거리, 개인 거리, 사회적 거리, 공적 거리 등으로 구분하고 있다. 터치는 바로 '친밀한 거리'여야만 가능하며, 이 때문에 터치는 동체일심을 이룰 수 있는 필살기이기도 하다.

개인이나 문화권마다 친밀한 거리는 다르다. 지하철이나 쇼핑 센터에서 어깨를 부딪히면 외국인들은 불쾌감을 표하지만 우리는 지나가기 바쁘다. 한 조사에 따르면 하루 동안 친밀한 거리를 침해당한 횟수는 4회로 상당한 불쾌감을 느꼈다고 한다. 이 때문에 연인이나 가족 사이라도 일정한 거리가 필요하다.

모든 터치가 유쾌한 것은 아니다. 해외여행 시 따르는 보안 검색은 누구나 따라야 하는 필수 절차다. 전혀 모르는 사람이 자신의 신체 일부를 터치하지만 어쩔 수 없이 받아들여야 한다. 과학자들은 이 같은 '기능적 친밀functional intimacy'은 원치는 않지만 필요한 것이기에 사람들은 다양한 형태로 타협하려 한다고 주장한다. 검색 요원이 신체를 터치할 때 다른 곳을 보거나 몸을 돌리는 행동이 이에 해당한다.

인간은 터치를 통해 존경과 경멸, 사랑과 증오, 두려움과 호감 등 다양한 감정을 표현할 수 있다. 또한 상대방이 자신에 대해 어떤 감정을 품고 있는지 가늠할 수 있고 그 감정을 더욱 깊게 할 수도 있다. 터치의 손길을 내민다는 것과 내민 손을 거부하지 않는 것은 적어도 반감의 시그널은 아니다. 하지만 악수를 거부하거나 살을 맞대는 것을 피하는 것은 분명한 반감의 표시다.

경기를 마친 뒤 운동선수들은 승패를 떠나 서로를 위로하고 격려하는 터치를 한다. 경기 후 터치를 통해 서로 친선을 다지는 행위는 경기 중 치열한 경쟁으로 훼손된 관계를 복원해 미래에 협조할 여지를 남기기 위한 것이다. 보통 여성보다는 남성이 압도적으로 패자를 많이 위로한다. 한편 농구 경기에서 자기 팀 선수끼리 터치하면 팀의 승률을 높이고 팀워크도 좋아진다.

터치 효과는 광범위하고 강력하다. 과학자들은 스포츠, 세일즈, 건강, 인간관계 같은 다양한 분야에서 터치를 통해 원하는 변화를 가져올 수 있다는 것을 밝혀냈다.

교육열에서 세계 최고라 할 수 있는 우리나라에서 부모나 교사는 흔히 공부를 잘하는 자녀나 학생의 머리를 쓰다듬어주면서 칭찬한다. 이에 착안해 교육 현장에서도 터치 효과는 막강할 것이라는 가설을 세워 검증한 연구팀이 있다. 실제 교사가 학생을 터치할 경우 학생들은 교사를 친밀하고, 재미있고, 이해심이

말주변이 없어도
호감을 사는 사람들의 비밀

많고, 유능하다고 평가하는 반면 터치하지 않는 경우 이 같은 평가가 사라졌다.

터치가 성적 변화에 미치는 효과는 더욱 극적이다. 한 실험에서 교사가 터치한 학생은 정규분포(표준편차 1 가정)에서 0.29 표준편차만큼 상향 이동했지만 터치하지 않은 학생은 0.29 표준편차만큼 하향 이동, 즉 성적이 떨어진 것으로 나타났다. 교사의 터치 여부에 따라 학생 간 성적의 표준편차가 0.58가량 벌어진 것이다. 실험 이전에 학생들의 성적 분포는 차이가 없었다.[21]

터치와 건강의 관계는 '엄마 손은 약손'으로 요약할 수 있다. 많은 연구가 터치의 치유 효과에 대한 결과를 쏟아내고 있다. 신생아와 엄마가 서로 맨살을 맞대는 '캥거루 육아법'은 저체중인 신생아의 조기 사망률을 낮추고, 건강을 좋게 한다. 구체적으로 2kg 미만의 신생아를 캥거루 육아법으로 돌보자 조기 사망률이 36%, 패혈증 확률은 47%나 감소했다. 엄마의 터치는 신생아의 몸무게를 늘리기도 한다. 또한 간호사가 환자를 터치하면 환자 만족도는 물론 면역력도 높아졌다. 뇌졸중이나 암 환자, 그리고 노인을 터치하면 상당한 치료 효과도 있다.[22]

마사지는 터치 효과를 잘 보여주는 사례로 부정적 효과 없이 긍정적 효과만을 가져온다. 마사지는 쾌감을 느끼도록 하는 도파민, 세로토닌, 뉴로펩티드 분비를 늘리고 면역력을 높인다. 마사지가 홍삼의 역할을 하는 셈이다. 스트레스 호르몬인 코르티솔 분비를 감소시켜 스트레스를 해소하고 우울증을 경감시킨다. 또한 진통 효과는 물론 혈압도 낮춘다. 한마디로 터치는 만능 치료제와 같다.

터치 달인이 돼야
연애 도사

터치 효과에 대한 연구가 활발한 또 다른 분야는 이성 관계다. 여성이 우연인 것처럼 남성을 가볍게 터치하면 남성은 여성의 유혹에 두 배 이상 쉽게 넘어갔다. 특히 터치하면서 전화번호를 달라거나 춤추자고 제안할 경우 거절하는 남성은 크게 줄었다. 특히 남성은 자신을 터치하지 않은 여성보다 터치한 여성을 계속 그리고 더 오랫동안 응시했다. 양전자단층촬영 결과도 여성이 남성을 터치하면 남성의 쾌감 시스템을 자극해 아편 성분인 오피오이드opioid가 분비된다는 것을 보여준다. 이처럼 남성보다는 여성이 이성을 유혹하는 필살기로 터치를 활용하는 게 효과적이다.[23]

사랑은 진통제다. 드라마나 영화를 보면 남편이 출산으로 진통을 겪는 아내의 손을 꼭 잡아주는 장면이 나온다. 실제로 손을 꼭 잡아주면 여성이 느끼는 불안감이 줄고, 고통도 완화된다. 손을 잡는 행위는 진통제 역할은 물론 두 사람 간 고통의 동기화를 가져온다.

이성이 터치하면 그에 대한 반응은 결혼 여부나 성, 나이에 따라 달라진다. 미혼이 기혼보다, 남성이 여성보다, 젊은 사람이 나이 든 사람보다 더 반응이 컸다. 그만큼 그들이 터치를 원하고, 터치도 쉽다는 말이 된다.

특히 배우자의 터치는 행복도를 높인다. 터치를 함으로써 부부 금슬을 좋게 하는 옥시토신이 많이 분비돼 유대감을 높이고 심장 활동도 강화된다는 임상 결과도 나왔다. 가벼운 신체 터치도 사람들의 안전감을 높여 위험을 무릅쓰고 모험을 하려는 경향을 일으킨다. 터치는 사람들 간의 보이지 않는 장벽을 무너뜨릴 수 있다. 하다못해 곰 인형을 터치하면 외로움을 덜 느끼고 사회성도 높아진다.

터치는 손등에서부터
시작하라

터치는 영역, 상호성, 지속 시간 등 여러 기준에 따라 구분할 수 있다. 터치 영역은 터치에서 가장 민감한 내용으로 성별, 친밀도, 교제 기간 등에 따라 달라진다. 다음으로 상호성은 감정 교류의 방향을 말해주며, 한 사람이 일방적으로 터치하는 일방 터치와 서로 터치하는 상호 터치로 나뉜다. 마지막으로 지속 시간은 포옹이나 악수 같은 긴 터치가 있는 반면, 어깨 두드리기나 하이파이브 같은 짧은 터치도 있다.

터치에도 터부가 있고, 친밀도나 상대방의 성별에 따라 터치가 달라져야 한다. 남성보다 여성을 터치할 때 금기시되는 신체 부위가 많다. 또한 친밀도에 따라 터치할 수 있는 영역이 달라지며, 친밀도가 높아질수록 터치할 수 있는 영역도 이에 비례해 증가한다. 이른바 '터처빌리티touchability'로, 가장 쉬운 원칙은 남녀를 가리지 않고 손등에서부터 터치를 시작하라는 것이다. 터치 영역은 손등에서 시작해 팔과 어깨로 점차 넓혀가는 것이 좋다.

터치는 누가 하느냐에 따라 의미가 달라진다. 지위가 낮은 사람보다 높은 사람, 나이가 적은 사람보다 많은 사람, 남성보다 여성이 더 자주 터치한다. 이 때문에 터치를 지위와 유대감의 징표로 보기도 한다. 그러나 한 연구에서는 이와 상반되는 결과가 나오기도 했다. 실제 미국의 주의회 회의장에서 촬영한 영상을 분석한 결과, 초선이나 젊은 의원이 다선 의원이나 지위가 높은 의원을 터치하려 한다는 것을 밝혀냈다. 이는 기존 연구와는 다른 결과지만 표를 얻기 위해 악수나 포옹 같은 스킨십을 중시하는 정치인의 경우, 지위가 낮은 초선 의원이 다선 의원의 호감을 사기 위해 터치를 활용한 것이라고 해석할 수 있다.

지위와 성에 따른 터치 효과를 다룬 연구도 수없이 많다. 터치는 친밀도를 높이는 강력한 기법이지만 잘못 활용하면 오해를 불러일으키기 쉽다. 지위가 높은 사람이 낮은 사람을, 여성이 남성을, 나이 많은 사람이 어린 사람을 터치하는 것이 보통이기에 그 반대의 경우엔 오해를 살 여지가 있다. 특히 남성이 여성을 터치할 때 성적인 의미가 따라 붙기에 더욱 유의해야 한다. 같은 터치라도 성추행이 되느냐, 스킨십이 되느냐는 터치를 당하는 사람이나 해당 문화권에서 터치를 어떻게 해석하느냐에 따라 달라질 수 있다.

터치는 리스크를 동반하기 때문에 기교와 숙련이 필요한 정교한 대화 기법이다. 그렇다고 터치에 인색한 것은 바람직하지 않다. 오늘 당신이 좋아하는 친구, 자녀, 배우자에게 얼마나 살갑게 터치했는가? 한 번도 하지 않았다면 사랑과 신뢰를 기대하지 마라. 터치를 어렵다 생각하지 말고 좋은 일이 있다면 하이파이브부터 시작해보라. 또한 어깨를 주물러주는 것도 터치를 시작하는 좋은 출발점이다. 터치는 모유를 먹고 자라는 포유류의 본능이다. 터치를 거부하는 당신은 이런 본능을 거스르는 것인지도 모른다.

악수는
약간 세게, 자신 있게, 친밀하게

터치 유형 중 포옹은 호르몬 분비를 변화시킨다. 포옹은 스트레스 호르몬인 코르티솔의 감소, 행복을 가져다주는 세로토닌과 도파민의 분비 증가, 그리고 러브 호르몬인 옥시토신 분비량 증가라는 깜짝 효과가 있다. 단 한 번의 포옹이 상대방과의 깊은 유대감을 만들 수 있는데, 이를 피하는 것은 좋은 기회를 날리는 셈이다.

또 다른 터치 유형인 악수에 대한 시각은 나라나 문화권마다 차이가 있다. 보통 서양인이 동양인에 비해 악수를 긍정적으로 보고, 여성보다는 남성이 더욱 긍정적으로 생각했다.

악수를 거부하는 것은 적대감의 표현이기에 보통의 상황에서는 잘 일어나지 않는다. 따라서 정치인이나 권투 선수가 악수를 거부하는 행동은 적대감의 표현이자 당신과 대결하겠다는 시그 널이다. 2016년 리우 올림픽의 유도 경기에서 이스라엘 선수의 악수를 거부한 이집트 선수가 세계적인 관심을 샀고, 국내에선 2014년 박근혜 대통령과의 악수를 거부한 노동당 참관인이 화 제에 오르기도 했다.

악수는 터치 기법을 체득하는 첫걸음이다. 악수를 어떻게 하 느냐에 따라 첫인상이 달라지기도 한다. 기능적자기공명영상을 활용한 연구에서 악수하지 않을 때보다 악수할 때 보상에 반응 하는 뇌 부위가 크게 활성화된 것이 밝혀졌다. 과학자들은 악 수할 때 약간 세게, 자신 있게, 그리고 친밀하게 하는 악수가 첫 인상을 좋게 만든다고 말한다. 또 다른 연구는 악수할 때 힘을 약간 주고, 상대방 손을 잡고서, 3회 흔드는 것이 효과적인 악수 법이라고 밝혔다.

3초만 투자하면 호감을 사는 사람으로 변신할 수 있는 터치 에 따뜻한 사랑이나 존경의 마음을 실으면 터치의 효능은 극대 화된다. 국내 굴지의 여성 CEO는 악수할 때 한 손으로 상대방 과 악수하면서 다른 손으로 악수하는 손등을 가볍게 어루만지 듯 터치하는 악수법을 보인다. 급속히 친밀감을 구축할 수 있는 악수법으로 자신의 악수법을 개발한 것이다.

단순해 보이는 동작인 악수는 그 방법만 수천 가지가 넘으며, 악수를 통해 전달할 수 있는 메시지 또한 매우 다양하다. 손을 잡는 데 그치지 않고 손을 어떻게 잡느냐, 다른 한 손을 어떻게 처리하느냐, 그리고 자세는 어떻게 하느냐 등 다양한 동작이 가미되기에 악수가 전달할 수 있는 메시지는 수없이 많아지는 것이다.

악수에서 기억할 것은 가능한 크게, 세게, 그리고 많은 부위를 터치하라는 공식이다. 상대방의 손을 얼마나 세게 잡고 격하게 흔드느냐는 감정의 강도를 말해준다. 악수할 때 얼마나 많은 신체 부위를 터치하느냐 역시 중요하다. 이성과 악수할 때는 가급적 악수를 하지 않는 다른 손으로 손등을 쓰다듬거나 터치하는 방식으로 온기를 전달해야 상대방의 호감을 살 수 있다는 연구도 있다.

악수를 통해 자신의 지위와 상대방에 대한 감정을 표현하기도 한다. 악수를 하면서 누군가 등을 두드리면 사람들은 두 사람 간 지위를 추측할 수 있다. 등을 두드리는 사람이 위라고 짐작하는 것이다. 악수할 때 자세를 구부리거나 낮추는 행위는 친밀감이나 신뢰, 그리고 지위와 존경심의 표현이다.

악수는 심지어 자신의 성격도 드러낸다. 악수할 때 손을 꽉 잡으면 상대방이 외향적이고, 감정적 표현이 풍부하고, 새로운 경험에 개방적이라는 추론을 하게 해 긍정적인 첫인상을 갖게 한다. 하지만 악수를 기피하거나 소극적으로 응하면 부정적이고 신경질적이며 수줍어한다는 평가를 받기 쉽다. 이 때문에 잡 인터뷰에서 손을 꽉 잡고 악수하는 지원자는 외향적인 사람으로 판단돼 좋은 평가를 받는다는 연구 결과도 있다.

연습이 필요한
터치

터치는 난도가 높은 만큼 효과도 크다. 일단 상대방 기분에 맞춰 다양한 터치법 가운데 하나를 활용한다는 마음으로 접근하면 편하다.

첫째, 서로의 기분에 따라 사용하는 터치법도 달라져야 한다. 악수나 포옹은 어떤 상황에서도 가능하지만 하이파이브는 주로 긍정적 상황에서 쓰인다. 상대방이 즐거워할 때는 하이파이브나 주먹을 맞대는 동작을 해 즐거움을 증폭시켜야 한다. 여기에 상대방에 대한 칭찬을 더하면 금상첨화다. 반면 상대방이 슬퍼하거나 우울해할 때는 상대방의 슬픔이나 우울함을 덜어줄 수 있는 위로의 말과 함께 손을 잡거나 등을 토닥여주면 좋다.

말주변이 없어도
호감을 사는 사람들의 비밀

둘째, 터치를 더 많이 자주 하는 방법을 찾아야 한다. 우선 사회적 에티켓인 악수부터 시작하고 악수를 하더라도 손등을 터치하는 식으로 가능하면 더 오래, 더 많이 터치해야 한다. 친밀도에 따라 터치할 수 있는 신체 부위가 확대되듯이, 역으로 터치를 늘려 친밀도를 높이는 방법도 있다. 터치는 친밀감의 표현이기에 친밀한 상황을 만들어내거나 친밀감을 확대하는 전략이 필요하다. 작은 것에서 큰 것으로 진전하기 위해서는 작은 기회를 놓치지 않아야 한다. 또한 기회가 주어지면 가능한 터치를 많이 오래 해야 소기의 목적을 이룰 수 있다.

셋째, 스마트 기기를 활용해 터치하라. 스마트폰 같은 기기를 활용한 자연스러운 터치가 시작이다. 앱을 다운로드 해준다거나 재미있는 앱을 소개한다면서 스마트폰을 매개로 자연스레 터치하는 것이 해당된다. 이는 남성들이 기기에 능숙하다는 것을 과시할 수 있는 좋은 방법이다. 이성 간에 강력한 본드 효과를 갖는 터치는 무엇보다 자연스럽게 시작하는 것이 중요하다.

넷째, 3초 룰을 지켜라. 과학자들은 터치 지속 시간을 분석한 결과 터치나 포옹 등 모든 터치 행위가 평균적으로 3초간 지속된다는 '3초 룰'을 발견했다. 터치 기법은 너무나 다양하지만 시간은 3초면 충분하다. 포옹은 3초, 어깨 두드리기나 하이파이브 같은 터치는 1초면 충분하다.[24]

터치 효과는 분명하지만 이를 어떻게 실천할지는 말처럼 쉬운 일이 아니다. 터치가 중요하다고 해도 당장 실천하는 것은 어색하고, 정확한 기법을 몰라 당황하게 된다. 중요한 것은 시행착오를 거치며 자신만의 터치를 개발해야 한다는 것이다. 어느 신체 부위를, 얼마만큼, 어느 경우에 터치해야 하는지에 대해 과학자들은 구체적인 수치를 제시하고 있지만, 모든 상황이나 사람에게 통하는 건 아니다. 이 때문에 능숙한 터치를 위해서는 먼저 이론을 습득한 뒤, 꾸준한 연습을 통해 자신만의 노하우를 쌓아야 한다.

터치를 어렵다 생각하지 말고
좋은 일이 있다면
하이파이브부터 시작해보라.

8장

호감을 사는
일곱 번째 비밀

자세와 제스처

자신감을 올려주는
자신감 충전기

자신감을 올려주는 '자신감 충전기'는 사람마다 다르고, 그 종류도 셀 수 없이 많다. 수천 만 원짜리 명품 옷을 입거나 명품 가방을 들고 외출하면 자신감이 넘친다는 여성이 있다. 샤워나 화장하는 것만으로 자신감이 충전되기도 한다. 하이힐을 신었더니 자신감이 생기더라는 말도 한다. 이 때문에 여성들은 중요한 모임에 나갈 때 친구나 언니 또는 엄마의 옷이나 가방을 빌리기도 한다.

남성도 나름대로 자신감 충전기가 있다. 프레젠테이션을 할 때 정장을 차려입고 깔창 깐 신발까지 신으면 자신감이 넘친다는 사람이 있다. 지갑에 5만 원권 지폐가 두둑하거나 외제 자동차를 타면 자신감이 생긴다는 이도 있고, 높은 지위가 주는 완장 효과로 자신감이 넘치는 경우도 있다.

친구나 연인도 자신감 충전기가 될 수 있다. 친구가 곁에 있으면 적이나 경쟁자도 왜소하게 보이게 된다. 마치 자신이 무기를 소지할 때 더 강한 사람이라고 인식하게 되는 것과 일치한다. 명품 숍에 갈 때 외국인 친구와 함께 가거나 동행자가 있으면 안심이 되고 자신감이 더해지는 것도 같은 맥락이다.

공부할 때 특정 펜을 쓰거나 고시에 합격한 삼촌의 책을 물려받아 공부하는 것도 자신감을 갖게 한다. 자신이 좋아하는 사람이 선물한 펜으로 시험을 보곤 성적이 올라 이를 계속 고집하기도 한다. 심지어 청소년들이 자신이 열광하는 연예인이나 스포츠 스타가 좋아하는 옷이나 구두 등 패션 아이템을 착용하면 자신도 마치 연예인이나 스포츠 스타가 된 것 같은 느낌을 받기도 한다.

중요한 모임에 고급 펜을 가지고 나가면 무언가 든든하고, 짝퉁 시계를 차고 외출하면 왠지 찜찜한 기분이 든다. 같은 볼펜이라도 어떤 로고가 새겨져 있는가에 따라 스스로에 대한 평가가 달라진다. 볼펜에 MIT 로고가 새겨진 것과 일반 펜을 비교한 결과, MIT 로고가 새겨진 볼펜을 가진 사람은 보통 사람보다 자신이 머리가 좋고 공부를 잘한다고 생각했다. 또 여성이 빅토리아

시크릿 쇼핑백을 들고 다닐 경우 자신도 속옷 모델처럼 날씬하고 섹시하다고 생각했다.

자신감 충전기는 모든 사람에게 통하는 것이 있고, 자신에게만 통하는 것이 있다. 과학자는 대부분의 사람에게 통할 수 있는 충전기로 패션, 그루밍grooming, 자세, 목소리, 눈 맞춤, 돈, 권력 등을 꼽는다. 자신에게만 통하는 충전기는 매우 다양하며 소위 징크스나 플라세보 효과같이 작용한다.

자신감 충전기를 찾으면 약간의 투자로 심리적, 생리적으로 변하고 자신에 대한 평가도 바꿀 수 있다. 손쉽게 활용할 수 있는 것이 그루밍, 자세, 제스처다. 이 가운데 첫인상을 좌우하는 가장 강력한 시그널은 그루밍이다. 이 때문에 과학자들은 그루밍과 관련된 많은 연구 결과를 내놓고 있다.

당신이 연애에
실패하는 이유

당신이 연애에 실패하는 이유는 무엇일까? 그중 가장 중요한 원인은 무엇일까? 과학자들은 연애를 할 때 관계를 망치는 가장 중요한 변수로 그루밍을 꼽는다. 지저분한 옷차림이나 게을러 보이는 외모가 이성을 기피하게 만드는 핵심 요인이라는 것이다. 실제 여성은 근육남보다는 그루밍을 잘하는 사람을 더 좋아한다는 연구 결과도 많다. 잘생기지는 않았지만 깔끔한 외모와 세련된 매너로 인기를 끄는 사람도 많지 않은가?

대표적인 연구가 2015년에 발표된 것으로, 남녀 관계에서 성패를 가르는 요인을 순위별로 정리했다. 관계를 깨는 요인은 지저분한 외모, 게으름, 궁색함, 부족한 유머 감각, 물리적 거리, 성에 대한 무지, 자신감 결여, 지나친 TV 시청이나 게임 중독, 성에 대한 관심 부족이 꼽혔으며 남녀 간 큰 차이가 없었다.[25] 하지만 그루밍이 지나치면 역효과를 불러올 수 있다. 구레나룻을 멋있게 꾸민 교수를 보고 강의 실력은 떨어질 거라 판단하는 식이다.

그루밍은 연애뿐만 아니라 사회생활 전반에 영향을 준다. 그루밍이나 신체적 매력은 고객 서비스가 핵심인 업종에서 성공 여부를 좌우한다. 그루밍을 잘하면 잘할수록 소득도 더 높다. 매력이 있으면 연봉이 20% 이상 높다는 연구 결과도 이를 증명한다.

영국의 한 조사 기관에 따르면 그루밍을 잘하는 사람과 그렇지 않은 사람 사이에 매년 약 1,500만 원의 연봉 차이가 나는 것으로 집계됐다. 그루밍은 남녀 모두에게 유리하지만 특히 남성보다는 여성에게 그 효과가 크다. 남성의 경우 그루밍을 잘하면 타고난 매력을 지닌 남성과의 호감도 격차를 40%가량 줄일 수 있었고, 여성의 경우 그루밍을 잘하면 타고난 매력을 지닌 여성과의 호감도 격차가 거의 없어지는 결과를 가져왔다. 즉, 매력이 없어도 그루밍만 잘하면 호감 가는 사람으로 변신할 수 있다는 뜻이다.

그루밍이 사회생활이나 인간관계에 중요하다는 것을 실감한 직장인들이 많아지면서 화장이나 옷 등에 투자하는 시간이나 예산도 비례해서 늘어나고 있다. 남성도 그루밍에 관심을 보이며 투자하고 있고, 여성은 더더욱 투자를 늘리고 있다.

어떤 옷을 입느냐는 심리는 물론 인지에 영향을 미친다. 화장품을 판매하는 직원들이 흰 가운을 입고 고객을 응대하는 모습을 흔히 볼 수 있다. 보통 흰색 가운을 입은 사람은 집중이 필요한 업무에서 실적이 좋을 것으로 기대된다. 실제로 흰 가운을 입을 경우 그렇지 않은 사람보다 선택적 주의력 평가stroop test에서 실수가 50%나 감소했다. 또한 의사라며 흰 가운을 입은 사람이 화가라며 가운을 입은 사람보다 두 그림 사이의 차이를 더 많이 찾아냈다. 보통 흰 가운은 '주의력'과 '전문성'을 상징하기에 이 같은 차이를 불러온 것으로 파악된다. 옷이 인지에 영향을 미친다는 '복식 효과Enclothed Cognition'의 사례로 볼 수 있다.

정장을 입으면 사고에 어떤 변화가 생길까? 보안 강화를 문을 잠그다locking a door와 키를 돌리다turning a key로 표현하는 것은 구체적 사고이고, 보안 조치를 하다securing a house라고 표현하는 것은 추상적 사고이다. 정장 차림을 한 사람은 캐주얼 복장을 한 사람에 비해 추상적 사고를 선호한다. 또한 정장을 입은 사람은 카테고리를 더 추상적으로 처리하는 경향을 보였다. 정장은 자신을 권력자로 생각하도록 만드는 권력의 망토인 셈이다.

자세를 바꾸면
사람들의 시선이 달라진다

사람들은 지하철이나 버스에서 다리를 쩍 벌리거나 카페에서 더욱 넓고 편안한 자리를 차지하려 한다. 자동차도 경차보다는 중·대형차, 아파트도 소형보다는 대형 아파트, 냉장고도 소형보다는 대형, 호텔 객실도 일반 룸보다 스위트룸을 선호한다. 가게도 점포 규모나 매장 수를 늘리려고 하고, 기업도 업종을 넓히거나 몸집을 키우는 등 '보다 많이'를 추구한다. 개인, 가정, 기업 모두가 조금이라도 더 넓은 공간을 차지하려 한다. 이것이 자신의 견적을 바꾸기 때문이다.

한눈에 매력적인 사람으로 변신하는 방법은 무엇일까? SNS에서건 현실에서건 '파워 포즈'는 당당하고 매력적인 인물로 보이게 한다. 파워 포즈란 공작새가 깃을 활짝 펴듯이 전신을 활짝 펴 자신을 커 보이게 하는 자세를 의미한다. 실제 과학자들은 처음 본 남녀 사진을 보여주고 그 사람의 매력이나 당당함을 평가하게 하는 실험을 진행했다. 사진 속 남녀는 인물, 장소, 배경이 동일하지만 포즈만 파워 포즈와 위축 포즈로 다르게 했다. 이 실험에서 가장 매력적으로 꼽힌 이는 파워 포즈를 취한 사람으로, 미팅에서 애프터 신청을 받을 확률이 두 배 이상 높았다. 특히 앨범 사진만 보여주는 실험에서도 남녀를 가리지 않고 파워 포즈를 취한 사람과 데이트하고 싶다는 답변이 많았다. 그리고 미팅하는 내내 파워 포즈를 취할 경우 다시 만나자는 약속을 받아낼 확률이 아주 높아졌다.

상대방의 당당함을 평가할 때도 파워 포즈를 취한 남녀(평균 =3.87, 9점 척도)가 위축 포즈를 취한 사람(평균=2.44)보다 높은 점수를 받았다. 결과적으로 파워 포즈의 효과는 성별을 가리지 않고 나타났다.

앱을 활용해 파트너를 고를 때도 사람들은 파워 포즈를 취한 남녀를 고를 확률이 높다. 눈 깜짝할 사이에 상대방을 판단해야 하는 상황에서는 자세가 첫인상을 좌우하기 때문이다. 또한 인터넷이나 스마트폰을 활용해 쇼핑할 때도 모델이 위축 포즈보다는 파워 포즈를 취할 때 구매가 더 많이 일어났다.

이탈리아에서는 자세를 교정하는 포스처 스파posture spa 프로그램까지 선보이고 있다. 이 스파 프로그램을 이수하고 자세를 교정한 뒤 5년 젊어졌다거나 피부가 촉촉하고 빛난다는 반응이 잇따르는 등 흥미로운 결과가 나오고 있다.

자세를 확대하고 펼치면서 더욱 많은 공간을 차지하려는 파워 포즈는 동물 세계에서 흔한 현상이다. 구체적으로 수컷 공작이 암컷을 유혹하거나, 침팬지가 자신의 지위를 과시하기 위해 가슴을 활짝 펴는 행동이 여기에 해당한다. 이 같은 자세 변화는 남성 호르몬인 테스토스테론과 스트레스 호르몬인 코르티솔의 변화를 가져온다. 파워 포즈를 취할 경우 테스토스테론은 증가(20%)하고 코르티솔은 감소(25%)하지만, 반대로 위축 포즈를 취하면 테스토스테론은 감소(10%)하고 코르티솔은 증가(15%)한다.[26] 실제 '코브라'라는 요가 포즈를 취한 뒤 호르몬 분비가 변했다는 연구 결과는 자세에 따라 생리적, 심리적 변화가 뒤따른다는 것을 보여준다.

호르몬 분비는 생각이나 행동 변화 등 연쇄 반응으로 이어진다. 내기 도박에서 파워 포즈(84%)를 취한 사람은 보통 사람(60%)보다 더 많이 올인 했다. 특히 파워 포즈를 취한 사람은 자신이 더 강력하다고 인식하고, 더 많은 책임감을 느꼈다. 의자에

불과 1분간 파워 포즈로 앉고 난 뒤 '알파 인간'이라고 의식하면서 호르몬 분비가 바뀌고, 이에 따라 자신감을 느끼면서 자신의 파워를 즐기는 것이다. 이처럼 1~2분 동안 자세만 바꿔도 호르몬 분비의 변화를 가져와 행동과 감정 변화를 느낄 수 있다.[27]

자세는 개인의 성향이나 가치관을 바꾼다. 파워 포즈를 취한 사람은 위축 포즈를 취한 사람보다 절도, 성적 조작, 교통 법규 위반이 많다. 돈을 주고 난 뒤 정직하게 돌려주는지를 실험해보니 파워 포즈(78%)를 취한 사람은 위축 포즈(38%)를 취한 사람보다 돌려주지 않는 비율이 높았다. 같은 크기의 책상에서 넓은 공간을 사용하는 사람(1.20개)이 좁은 공간을 활용하는 사람(0.27개)보다 답안을 몰래 더 많이 수정했다. 권력자는 권력의 사다리를 오르는 만큼 공감하는 뇌 부위가 약해진다. 우리 사회에서 최고경영자나 권력자의 갑질 문화가 팽배한 것도 이런 생리적 변화 때문이라고 할 수 있다.

레이싱 비디오게임을 할 때도 좌석이 넓은 사람(6.31건)이 좁은 사람(2.94건)보다 게임당 충돌 사고가 두 배 이상 높았다. 실제 뉴욕 시내 주차 실태 조사에서 운전자 좌석이 넓을 경우(71%)가 좁은 경우(51%)보다 불법 이중 주차 비율이 높았다. 파워 포즈에 영향을 미치는 생활 환경(자동차, 사무실 등)이 인간의 부정직과 범죄를 유발할 수 있다는 점은 무척 흥미롭다. '모어 more' 문화는 '레스less' 문화보다 사람들로 하여금 자신을 더욱 강력하다고 느끼도록 하지만, 한편으로 부정직이나 범죄를 유발하는 부작용을 일으키는 셈이다.

우리가 매일 사용하는 스마트 기기의 모니터 크기도 자세에 영향을 미쳐 행동 변화를 가져온다. 모니터 크기가 다른 아이패드, 맥북 프로, 아이맥을 사용할 때 모니터 크기에 따라 자세가 달라진다. 중요한 것은 모니터가 큰 스마트 기기를 쓰는 이용자는 자기 뜻을 지체 없이 단호하게 밝혔지만, 작은 모니터를 쓰는 이용자는 말이나 행동을 주저하는 경향을 보였다. 이처럼 모니터 크기도 자신감을 좌우한다.

'권력은 반드시 부패한다'는 말처럼 파워 포즈는 양면성을 갖고 있다. 위축 포즈에서 파워 포즈로 자세를 바꾸거나 이를 유도하는 환경으로 바꾸면 연쇄 반응이 일어난다. 단순히 몸을 펼치기만 해도 모험 성향, 접근 지향성, 행동 지향성, 단호함, 자신감, 침착함, 추상적 사고 등이 강화됐다.

왜 우리는 손해 보는 짓을 스스로 할까? 자세 하나로 면접에 합격하고, 자세 하나로 협상에 이기고, 자세 하나로 긍정적인 인상을 줄 수 있다. 자세를 바꾸는 것만으로 호르몬도 변화하고,

감정도 변하고, 상대방이 자신을 보는 시선도 달라지는데 당신
은 왜 이를 피하고 있는가?

제스처는
마음을 지휘한다

대화할 때 우리는 다양한 제스처를 활용한다. 손가락을 꼼지락거리거나 포개는가 하면, 엄지손가락을 들어 올려 '최고'라고 격려하기도 한다. 손을 가슴에 얹어 공감을 표하거나, 주먹을 불끈 쥐면서 힘을 내라고 격려하기도 한다. 면접을 보거나 중요한 모임을 앞두고 어깨를 활짝 펴거나 목소리를 가다듬는 등 나름의 행동을 한다. 이러한 제스처나 행동은 마음을 지휘하는 마법을 부린다.

프레젠테이션이나 면접을 앞두고 자신감을 가지려면 어떻게 해야 할까? 주먹을 불끈 쥐는 것만으로 자신감을 얻게 되고, 자신이 힘 있는 존재라고 생각하게 된다. 실제로 주먹을 불끈 쥔 남성(평균=4.34, 6점 척도)은 그렇지 않은 남성(평균=3.94)보다 자기 입장을 단호하게 밝히고, 주변으로부터 존경받는 존재라고 평가받았다. 하지만 여성의 경우 이 같은 효과는 나타나지 않았다. 주먹을 불끈 쥔 효과가 남성에게만 나타난 것은 신체적 파워가 남성이 사회적 영향력을 얻는 데 중요한 수단이기 때문으로 해석된다.[28] 일본의 아베 총리가 외국 손님을 맞이할 때 소파의 높이나 종류로 차별하는 것도 자신감을 조작하는 좋은 사례다. 중국도 손님의 지위에 따라 좌석 배치를 달리하는 식으로 기싸움을 벌이기도 한다.

우리는 일상생활에서 이를 악물거나, 장딴지나 팔뚝에 힘을 주는 등 다양한 동작을 취한다. 이처럼 근육에 힘을 줘 탄탄하게 하면 결의나 자기통제에 영향을 준다. 펜을 세게 쥔 집단(92%)이 가볍게 쥔 집단(72.4%)보다 더욱 적극적인 기부 의사를 밝혔고, 펜을 세게 쥔 집단(평균=126.89초)은 가볍게 쥔 집단(평균=73.07초)과 통제 집단(평균=69.53초)보다 찬물에 손을 넣은 채 훨씬 오래 견뎠다. 힘을 불끈 준 행동이 정신을 통제하는 것이다.[29]

우리는 국기에 대한 경례를 할 때 가슴에 손을 얹는 제스처를 취한다. 노래할 때 가슴에 손을 얹는 발라드 가수도 있다. 보통 정직하다는 것을 표현하기 위해 가슴에 손을 얹는다. 사람들은 가슴에 손을 얹은 사람(49%)을 그렇지 않은 사람(18%)보다 정직하다고 생각했다. 또한 가슴에 손을 얹은 사람(평균=4.68, 7점 척도)은 그렇지 않은 사람(평균=4.17)보다 상대방을 믿을 수 있다고 평가했다. 즉, 가슴에 손을 얹는 제스처는 정직, 신뢰성과 관련이 있다.[30]

가운뎃손가락을 펼치는 것은 서양에서는 적대 행위로 해석된다. 그런데 가운뎃손가락을 펴는 것이 인간의 인지나 감정에 어떤 영향을 미칠까? 악당에 대한 글을 읽는 동안 자신의 손가락을 펼치도록 했더니 흥미롭게도 격려를 의미하는 엄지손가락을 펼친 그룹(평균=5.73)이 집게손가락을 펼친 그룹(평균=6.59)보다 악당을 호의적으로 평가했다. 반면 욕설을 의미하는 가운뎃손가락을 펼친 그룹(평균=8.41)은 집게손가락을 펼친 그룹(평균=6.74)보다 악당을 악의적으로 평가했다. 이처럼 욕설을 의미하는 가운뎃손가락과 격려를 상징하는 엄지손가락 제스처는 악당에 대한 평가마저 바꿨다.[31]

나만의
자신감 충전기 찾기

자신감을 충전하기 위해서는 첫째, 그루밍에 신경 써야 한다. 프레젠테이션을 할 때 정장 차림이면 자신감이 붙는다는 사람도 있고, 잘 닦은 구두를 신으면 도움이 된다는 사람도 있다. 사람마다 나름의 부적을 갖고 있고, 이를 믿는 한 자신만의 충전기가 될 수 있다. 자의건 타의건 이런 충전기는 긴장감이나 압박감을 벗어나 안정적이고 자신 있게 사회생활을 할 수 있도록 돕는다.

둘째, 자기비판보다 자아도취의 최면이 중요하다. 과학자들은 아시아 여성이 수학 시험을 볼 때, 아시아 출신임을 강조하느냐 아니면 여성이라는 점을 강조하느냐에 따라 수학 성적이 달라진다는 것을 알아냈다. 보통 아시아인은 수학을 잘하고 여성은 수

말주변이 없어도
호감을 사는 사람들의 비밀

학에 약하다고 알려져 있다. 수학 시험을 볼 때 아시아인이라는 점을 강조하면 수학 성적이 훨씬 좋았다. 즉, 마음가짐에 따라 수학 성적이 달라지는 것이다.

셋째, 자세를 효과적으로 활용하라. 사극을 보면 양반과 상놈의 자세는 한눈에 차이가 난다. 양반은 상체를 뒤로 젖히고 뒷짐을 지는 자세를, 상놈은 상체와 머리를 숙이는 자세를 취한다. 사극에서뿐만 아니라 현실에서도 자세는 지위와 상대방에 대한 태도를 드러낸다. 이 때문에 무조건 파워 포즈를 고집하기보다 상대방이나 상황에 따라 자세를 바꾸는 것이 중요하다.

상사를 만나거나 고객을 응대할 때 자세는 달라져야 한다. 상사를 만날 때는 상체와 머리를 앞으로 숙이는 자세를 취하고, 부하를 만날 때는 어깨와 허리를 편다. 고객에게도 마찬가지다. 고객을 응대하면서 파워 포즈를 보이면 고객은 자신이 대접받으러 왔는지 아니면 대접하러 왔는지 헷갈려 불쾌할 수 있다. 고객에게 파워 포즈를 취하면 주객이 전도된 느낌을 주기 때문에 위축 자세가 더욱 효과적이다.

목소리나 얼굴 표정으로 자신감을 표현할 수도 있지만 자세나 제스처로도 자신감이나 감정을 표현할 수 있다. '축 처진 어깨', '고개 숙인 남자' 같은 다양한 표현은 자세가 개인의 심리를 좌우한다는 것을 말해준다. 자세만 바꿔도 자신감과 자존감이 높아지고, 사람들이 자신을 보는 시선도 변한다. 즉, 파워 포즈를 취할 경우 당당하고 매력 있는 사람으로 변신하게 된다. 물론 아무런 투자 없이 자세를 좋게 만들 수는 없다. 나이가 들면 자연스레 등이 굽는데 상당한 운동을 해야 올바른 자세가 나온다. 좋은 자세를 갖는 데도 공짜가 없는 셈이다.

넷째, 또렷하게 발음하고 목소리에 힘을 준다. 실제로 자신이 없으면 목소리가 기어들어 간다. 치아 교정을 하면서 발음이 뭉개져 자신감을 잃었다는 사례도 있다.

마지막으로 자신만의 충전기를 만들어라. 면접을 앞둔 응시자의 자신감 충전기는 두둑한 지갑, 파워 포즈, 목소리라는 경험담도 있다. 기부, 선행, 칭찬, 교육, 운동, 심지어 식습관도 자신감 충전기다. 나아가 남들이 자신을 좋아한다는 생각, 명상, 낯선 사람에게 말 걸기, 자기비판 무시, 자기만의 시간 갖기, 편견 부수기, 주변의 칭찬 수용, 미소 등 다양한 것들이 자신감 충전기가 될 수 있다.

연구 출처

1 Harker, L et al. (2001). Expressions of Positive Emotion in Women's College Yearbook Pictures and Their Relationship to Personality and Life Outcomes Across Adulthood. *Journal of Personality and Social Psychology*, 80-1, 112-124.

2 Abel, E & Kruger, M. (2010). Smile Intensity in photographs predicts longevity. *Psychological Science*, 21-4, 542-544.

3 Engert, V et al. (2014). Cortisol increase in empathic stress is modulated by emotional closeness and observation modality. *Psychoneuroendocrinology*, 45, 192-201.

4 Ginoar et al. (2017). A century of Portraits: a visual historical record of American High School Yearbook. *IEEE Transactions on Computational Imaging*, 3-3, 421-431.

5 Birnbaum, G et al. (2016). Intimately connected: The importance of partner responsiveness for experiencing sexual desire. *Journal of Personality and Social Psychology*, 111-4, 530-546.

6 McFarland, D et al. (2013). Making the connection: social bonding in courtship situations. *American Journal of Sociology*, 118-6, 1596-1649.

7 Ronald Rogget et al. (2013). Is skills training necessary for the primary prevention of marital distress and dissoulation? A 3-year experimental study of three interventions. *Journal of Consulting and Clinical Psychology*, 81-6, 949-961.

8 Canevello, A & Crocker, J. (2010). Creating good relationships: responsiveness, relationship quality, and interpersonal goals. *Journal of Personality and Social Psychology*, 99-1,78-106.

9 Janik, S et al. (1978). Eyes as the center of focus in the visual examination of human faces. *Perceptual and Motor Skills*, 47, 857-858.

10 Mayew, W et al. (2013). Voice pitch and the labor market success of male chief executive officers. *Evolution and Human Behavior*, 34-4, 243-248.

11 Tigue, C et al. (2012). Voice pitch influences voting behavior. *Evolution and Human Behavior*, 33-3, 210-216.

12 Klofstad, C et al. (2012). Sounds like a winner: voice pitch influences perception of leadership capacity in both men and women. *Proceedings of the Royal Society B*, 279-1738, 2698-2704.

13 Stel, M et al. (2011). Lowering the Pitch of Your Voice Makes You Feel More Powerful and Think More Abstractly. *Social Psychological and Personality Science*, 3-4, 497-502.

14 Arnocky, S et al. (2018). Do men with more masculine voices have

말주변이 없어도
호감을 사는 사람들의 비밀

better immunocompetence? *Evolution and Human Behavior*, 39-6, 602-610.

15 Hughes, S et al. (2010). Vocal and Physiological Changes in Response to the Physical Attractiveness of Conversational Partners. *Journal of Nonverbal Behavior*, 34, 155-167.

16 Smith, D. S et al. (2012). A modulatory effect of male voice pitch on long-term memory in women: evidence of adaptation for mate choice? *Memory and Cognition*, 40-1, 135-144.

17 Hughes, S et al. (2010). Vocal and Physiological Changes in response to the physical attractiveness of conversational partners. *Journal of Nonverbal Behavior*, 34-3, 155-167.

18 Argo, J. (2006). Consumer Contamination: How Consumers React to Products Touched by Others. *Journal of Marketing*, 70-2, 81-94.

19 Hornik, J. (1992). Tactile Stimulation and Consumer Response. *Journal of Consumer Research*, 19-3, 449-458.

20 Hornik, J. (1991). Shopping time and Purchasing Behavior as a Result of in-store tactile stimulation. *Perceptual and Motor Skills*, 73, 969-970.

21 Steward, L et al. (1987). Touching as Teaching: The Effect of Touch on Students' Perceptions and Performance. *Journal of Applied Social Psychology*, 17-9, 800-809.

22 Field, T et al. (2010). Preterm Infant Massage Therapy Research: A Review. *Infant Behavior and Development*, 33-2, 115-124.

23 Nummenmaa, L et al. (2016). Social touch modulates endogenous u-opioid system activity in humans. *Neuroimage*, 138, 242-247.

24 Nagy, E. (2011). Sharing the moment: the duration of embraces in humans. *Journal of Ethology*, 29-2, 389-393.

25 Jonason, P et al. (2015). Relationship dealbreakers: traits people avoid in potential mates. *Personality and Social Psychology Bulletin*, 41-12, 1697-1711.

26 Carney, D et al. (2010). Power posing: brief nonverbal displays affect neuroendocrine levels and risk tolerance. *Psychological Science*, 21-10, 1363-1368.

27 Yap, A et al. (2013). The ergonomics of dishonesty: the effect of incidental posture on stealing, cheating, and traffic violations. *Psychological Science*, 24-11, 2281-2289.

28 Schubert, T. W. (2004). The power in your hand: Gender differences in bodily feedback from making a fist. *Personality and Social Psychology Bulletin*, 30-6, 757-769.

29 Hung, I & Labroo, A. (2011). From Firm muscles to firm will power: understanding the role of embodied cognition in self-regulation. *Journal of Consumer Research*, 37-6, 1046-1064.

30 Parzuchowski, M et al. (2014). Hand over heart primes moral judgments and behavior. *Journal of Nonverbal behavior*, 38-1, 145-165.

31 Chandler, J et al. (2009). How extending your middle fingers affects your perception of others learned movements influence concept accessibility. *Journal of Experimental Social Psychology*, 45-1, 123-128.